Carl Amery, 1922 geboren, wurde mit zahlreichen Preisen ausgezeichnet. Er hat viele aufsehenerregende Bücher geschrieben, darunter DIE
KAPITULATION ODER DER REAL EXISTIERENDE KATHOLIZISMUS und
DIE ÖKOLOGISCHE CHANCE sowie zuletzt GLOBAL EXIT. DIE KIRCHEN
UND DER TOTALE MARKT. Im vorliegenden Essay wendet er sich gegen
das Vorurteil, daß Hitler und das Dritte Reich nicht wirklich zu verste-
hen seien und nicht in unsere moderne, zivilisierte Welt passen würden.
Er zeigt, daß sie als Vorboten einer Zeit und ihrer Probleme gesehen
werden müssen, die erst kommen wird. Es geht um die Frage nach dem
Überleben in einer Welt der begrenzten Ressourcen, der Umweltzer-
störung und der Überbevölkerung. Hitlers Antwort sei die vollständige
Barbarei gewesen, die Reduzierung von Geschichte auf Naturgeschichte. Unsere Aufgabe ist es, dafür zu sorgen, daß die vergangenen
Schrecken im 21. Jahrhundert nicht wiederkehren.

Carl Amery
Hitler als Vorläufer

Auschwitz – der Beginn
des 21. Jahrhunderts?

Luchterhand

© 1998, 2002 für diese Ausgabe
Luchterhand Literaturverlag GmbH, München
Fotografie Seite 2: Isolde Ohlbaum
Umschlagkonzeption und -gestaltung:
R·M·E / Roland Eschlbeck
Druck und Bindung:
Ebner & Spiegel, Ulm
Alle Rechte vorbehalten.
Printed in Germany
ISBN 3-630-62027-2

Inhalt

Come on: you hear this fellow in the cellarage

William Shakespeare, Hamlet

1 DRACULA IM KELLER

ODER Die große Verlegenheit

In Auschwitz und anderen Vernichtungslagern ließ Hitler Millionen von Juden, Zigeunern und fremdvölkischen Eliten töten und verbrennen. Dies war unbestreitbar die kaltblütigste und bestorganisierte Massenvernichtung der Geschichte.

Alexandre Kojève, großer Philosoph und Lehrer von großen französischen Intellektuellen, hat sich geweigert, Auschwitz als »historisches Ereignis« anzuerkennen.

Kojève ist ehrlich und konsequent. Der Hegelianer spricht aus, was fast alle Teilnehmer an der zeitgeschichtlichen Debatte mehr oder weniger ehrlich, mehr oder weniger konsequent glauben und fühlen: Das Dritte Reich, das Hitler-Ereignis oder wie immer man es nennen mag, verweigert sich den Erklärungsmustern, mit deren Hilfe Geschichtswissenschaft und Geschichtsphilosophie unseren Weg durch die Geschichte (wenigstens die europäisch-atlantische Geschichte) bisher gedeutet haben und deuten.

Der Widerspruch

Hitler paßt nicht, das ist es. Hitler fällt aus den bisher erarbeiteten Erklärungsmustern. Von verschiedenen Seiten versucht man, an ihn und seine Welt heranzukommen, aber in die Welt des euro-atlantischen Selbstbewußtseins, wie unsere Lehrer sie formten, ist Hitler schlechthin nicht einzufügen.

Wie bestimmt sich dieses Selbstbewußtsein? Es bestimmt sich aus historischer Erfahrung – und aus der Art, wie wir sie verarbeiten.

Wir verarbeiten sie, was immer im einzelnen unsere Position sein mag, nach der Formel »Durch Nacht zum Licht«. Renaissance und Humanismus beenden das dunkle Mittelalter; die *Lumières*, das heißt die freien Geister, zünden die Lichter der philosophisch-theologischen, der politischen, der gesellschaftlichen Aufklärung an, es beginnt der Auszug aus selbstverschuldeter und fremdverschuldeter Unmündigkeit. Wachsende Mengen an Wissen geben uns wachsende Kontrolle über unser Schicksal, dessen Liebkosungen oder Schläge wir nicht mehr länger als *Act of God*, als höhere Gewalt akzeptieren. Der Wohlstand wächst, die Manieren werden besser, die Lebensräume weiten sich und die Bewegungsmöglichkeiten in diesen Räumen. Emanzipation entfaltet sich und mit und in ihr politische Freiheit. Sie zieht die Gerechtigkeit nach sich, die nun auch der letzte, der Vierte Stand einfordert und erhält. Differenzierungsprozesse des Bewußtseins und der Gefühle setzen ein und entfalten sich, und mit ihnen Empathie, will heißen die Einfühlung in fremdes und nachbarliches Dasein:

Gewiß, es gibt Gegenströmungen am Rande, es gibt Strudel und Turbulenzen, örtliche und zeitliche Rückschläge, Passagen durch lichtlose und rätselhafte Tunnels. Aber auf die Hauptströmung kommt es letzten Endes an, die Hauptströmung bestimmt den Lauf der Geschichte.

Das Dritte Reich ist zu alledem scheinbar der große Widerspruch, eine glatte Verneinung der Vernünftigkeit oder Deutbarkeit des historischen Prozesses überhaupt. Wenn es (in solchem Sinn der völligen Unzulässigkeit) irgendeine Logik aufweist, dann nur durch seinen Zusammenbruch nach knapp zwölf Jahren – einen Zusammenbruch, in dem sich seine geschichtliche Unzumutbarkeit offenbarte. Sein Ende ist seine Widerlegung – und als solches ein Faktum, das wieder die Einfügung ins gängige Muster erlaubt.

Die Naturkatastrophe Hitler

So verbleibt schließlich eine einzige Deutung: Hitler und Hitlerismus sind kein historisches, sondern ein Naturereignis wie ein Vulkanausbruch oder eine Flutwelle; ein Meteor, der mitten in Europa einschlägt, den halben Kontinent versehrt, fast seine gesamte Judenheit und Millionen anderer Europäer zermalmt, Paläste, Kathedralen, Produktions- und Wohnstätten in Schutt und Asche legt, ehe der Brand ebenso sinnlos verschwelt, wie er begonnen hat. (Es ist bezeichnend, daß weder die bolschewistischen Greuel noch die anderen europäischen Faschismen ein solches Ausweichmanöver ins Naturgeschichtliche provozieren.)

Solche Deutung erleichtert, erleichtert ungemein: Wie scharfsinnig wir auch immer Einzelheiten des Dritten Reiches auseinanderdröseln; wie gewissenhaft wir auch immer Zusammenhänge, Entstehungsursachen, Befindlichkeiten seines Personals erforschen, es handelt sich so oder so um uns nicht Betreffendes, das heißt uns und unsere weitere Entwicklung nicht mehr Betreffendes. Dem Analytiker oder Historiker kann es dann nur um »vernünftige Abarbeitung des Vergangenen« (Hans Mommsen) gehen. Alle, alle sind sich einig in diesem Punkt – ob sie nun von links oder rechts, von jüdischer Leidenschaft oder fadenscheinigem deutschnationalem Entlastungsdrang motiviert sind. So oder so: Die Katastrophe ist vorüber, und neues Leben sprießt aus der nächsten Astgabel des historischen Prozesses.

Und die Medien folgen

Dieser Entlastungs- und Abschiebeaktion entspricht die Behandlung der zwölf Jahre in den Medien, die oft genug bis zur Lächerlichkeit geht. Gesichter, Kostüme und Requisiten verschworen und verschwören sich da, ein Bild oder Bildnisse herzustellen, die phantastisch-surreal sind – oder komisch-grotesk. Von der Dämonie der schwarzen SS-Todesengel und der schwarzen Daimler-Schnauzen, von der kalten Pracht der Parteitagslichtdome über die fetten Amtswalterbacken unter Schweinsaugen und in braunen Birnenhosen bis zur irren Charlie-Chaplin-Pantomime des Diktators spannt sich der ästhetische Bogen; darunter, in den Niederungen der TV-Serien, wurden und werden preußische Monokelfatzkes und dicke bayrische Mannschaftstrottel geliefert, alle so lebensecht und gegenwartsnah wie Onkel Dagobert von Entenhausen.

Leises Grauen im Dracula-Palast

Freilich, fast alle fühlen, daß es das nicht sein kann, nicht gewesen sein kann; fühlen, daß uns höchst lebendige und schmerzhafte Nervenstränge mit dieser verlorenen Zeit verbinden. Und die Zeitgeschichtler, die den Dracula-Palast des Dritten Reiches durchstöbern, spüren es natürlich auch.

Während sie seine mottenzerfressenen Requisiten, seine Dunkel- und Folterkammern, die braunstichigen Photos aus dem Verbrecheralbum sortieren, spüren sie, daß der Schloßherr so nicht gefaßt werden kann.

Sie spüren, daß Dracula, wie es seiner Art zukommt, irgendwo im tiefsten Keller lauert, unter meterdickem

Schutt, aber ohne den Pfahl im Herzen, der seinen Tod sichern und seine Wiederkehr endgültig verhindern könnte.

Woher diese dumpfe Gewißheit? Sie resultiert zwangsläufig aus der Unmöglichkeit selbst, Hitler aus einer Geschichte verschwinden zu lassen, in der er monströs und überlebensgroß existiert. Er war eben Ereignis; und zwar ein Ereignis, von dem wir genau wissen, daß es uns noch alle angeht.

Der unmögliche »Schlußstrich«

Alltäglichste Vorkommnisse zeigen immer wieder: es geht nicht. Noch jeder Versuch, den bekannten »Schlußstrich« zu ziehen, endete in einem neuen Ausbruch von Debattenfieber. Selbst wenn sich alle Beteiligten (wie jüngst in der Goldhagen-Kontroverse) darüber einig sind (oder wenigstens so tun), daß alles aus und vorbei sei, daß der Antisemitismus und der nationale Größenwahn und der antidemokratische Affekt der Weimarer Zeit und damit alle Voraussetzungen für einen Rückfall verschwunden seien: allein die Dissonanzen der Diskussion und der publizistischen Begleitmusik zeigen an, daß hier entscheidende und nach wie vor aktuelle Angstelemente unterdrückt werden.

Aus solchen Symptomen, das heißt aus den hohen Temperaturen der öffentlichen Erörterung, ist zu schließen, daß der Wiedergänger unterm Schutt nur scheintot ist und durchaus wieder regsam werden kann.

Ein anderer Ansatz ist notwendig

Um mit Gregory Bateson zu sprechen: Die Landkarte ist nicht das Territorium. Und wenn man sich trotz gewissenhaften Kartenlesens in der Landschaft verläuft, liegt es vermutlich nicht an der Landschaft, sondern an der Karte.

Es gilt also zu fragen, ob es vielleicht an den bisherigen Geschichtsmustern von Kojève und Co. liegt, daß wir Hitler nicht in ihnen unterbringen.

Es gilt zu fragen, ob eine Dimension seiner schrecklichen Wirklichkeit übersehen oder verdrängt wird, welche die alten Muster radikal aufhebt. Solche Fragestellung ist immer schmerzhaft; aber sie erspart uns erstens die feige Kapitulation vor einem »Naturereignis« und stellt damit die Würde unserer Rationalität wieder her, und sie kann zweitens dabei helfen, mögliche Bedingungen für Draculas Wiederkunft zu bestimmen und sie dadurch unwahrscheinlicher zu machen.

Eine solche Dimension wird im Folgenden aufgedeckt und erörtert.

Dabei wird sich ergeben,

– daß das Dritte Reich durchaus in einer Entwicklungslinie liegt, die spätestens mit der Säkularisierung, der Industrialisierung und dem Aufstieg des »Produktionsfaktors Wissenschaft« einsetzt;

– daß mit dieser Entwicklungslinie eine neue Frage auftaucht, die erst im zwanzigsten Jahrhundert als *predicament of mankind*, als »Dilemma der Menschheit« diskutiert und im einundzwanzigsten Jahrhundert als sinnlich erfahrbare und unerbittlich konkrete Existenzfrage wirksam werden wird: die Frage nach den Bedingungen eines nachhaltigen Weiterlebens der Gattung auf einem begrenzten Planeten;

– daß Hitler versucht hat, diese Frage vorwegzunehmen und sie durch ein kaltes und mörderisches Herrenvolk-

Programm zu beantworten, das grundsätzlich auf ein »tausendjähriges Reich«, also auf natur- und nicht humangeschichtliche Zeiträume angelegt war;

– daß er ferner versucht hat, durch Vernichtung der jüdisch-christlichen Gesittung und ihrer säkularisierten Ableitungen diesem Programm den notwendigen gesellschaftlichen Konsens zu verschaffen;

– daß dieses Programm einerseits dem Herrenvolk Macht und Wohlstand durch permanente Aggression versprach, andererseits die Begrenztheit der globalen Ressourcen durch die entsprechende Unterdrückung und Dezimierung der Sklavenvölker hintanhalten würde;

– daß diese schwarze Logik sehr viel zur Durchschlagskraft der nazistischen Ideen beitrug, weil seit Generationen die deutsche Zivilisationskritik (und nicht nur diese) von romantisch-konservativen Argumenten und Gefühlen zum Biologismus und Sozialdarwinismus überging, zumindest von ihm ergänzt und verstärkt wurde;

– und daß es äußerst naiv wäre, anzunehmen, ein solches Programm, von seinem krassen Dilettantismus gereinigt und mit etwas wissenschaftlichem Glanz und Wortschatz versehen, ließe sich in den nächsten Jahrzehnten und Generationen nicht wieder aktualisieren.

Hitler als Vorläufer

Das ist also der höchst realistische Alptraum, der, bei Gefahr des vollständigen Zivilisationsverlustes, zu bedenken und damit erst aufzulösen ist. Das ist die Medusa, der wir voll ins Antlitz zu blicken haben, ohne dabei zu versteinern.

Es ist die Angst vor solchem Versteinern, die stumm hinter der Weigerung der Historiker steht, den Nachhaltigkeitsaspekt des Hitler-Programms auch nur zu diskutieren. Sobald jedoch dieser Aspekt, diese jedem unerschrockenen Blick sofort erkennbare Dimension einbezogen wird, ist die Nichtigkeit, die Sinn- und Geschichtswidrigkeit des Dritten Reiches und der Shoah schlagartig aufgehoben.

Wir stehen dann vor der zwingenden Einsicht: die Hitler-Ideologie birgt ein Angebot an Zukunftselementen, dem sich weder die gegenwärtige zeitgeschichtliche Auseinandersetzung noch der gegenwärtige politische Betrieb zu stellen wagen.

Dabei geht es nicht um die übliche vordergründige Warnung vor dem Neonazismus. Selbstverständlich ist die Wachsamkeit gegenüber aller Barbarei eine stete Aufgabe der Gesellschaft. Worum es jedoch in dieser Kampfschrift geht, ist eine viel grundsätzlichere Wachsamkeit als die vor rasierten Bierköpfen und Springerstiefeln, eine viel prinzipiellere Frage.

Sie läßt sich so stellen: Wirft Adolf Hitler, vielmehr: wirft Hitlers großer Plan, wie er sich zwischen 1920 und den fürchterlichen Wirklichkeiten von Krieg im Osten und Shoah entfaltete, die Schatten künftiger Möglichkeiten voraus? Mit anderen Worten: *War Hitler ein Vorläufer?*

Ob er es werden kann, liegt an uns, an den längst anstehenden Entscheidungen der Menschheit. Gering ist die Wahrscheinlichkeit keineswegs. Und sie wird um so größer, je uneinsichtiger wir uns gegenüber dieser Gefahr verhalten.

2 PROGRAMM UND EINLÖSUNG
ODER Was nicht so wichtig ist

Folgendes haben wir zu ermitteln: Taucht die Gattungsfrage in Hitlers Weltbild auf? Wie setzt er sie ein? Welche Lösung faßt er ins Auge? Und wie haben sich seine Pläne in den zwölf Jahren des Dritten Reiches konkretisiert?

Diese Untersuchung wird zwischen zwei zeitlichen Eckpunkten ausgespannt: Hitlers ursprünglichen Programmvorstellungen, wie sie in *Mein Kampf* niedergelegt sind, und ihren vollständigen oder teilweisen Verwirklichungen im »Generalplan Ost«.

Das enthebt uns der Notwendigkeit, eine Reihe von wirklichen oder scheinbaren Streitfragen zu erörtern, welche die zeitgeschichtliche Debatte aufs lebhafteste umtreiben.

»Intentionalismus« versus »Funktionalismus«

Da ist etwa der Streit zwischen »Intentionalisten« und »Funktionalisten«; also der Streit zwischen einer Schule, die behauptet, die ganze Maschinerie des Dritten Reiches habe sich schließlich (und vor allem im Krieg) ohne Hitlers wesentliches Zutun auf die große Vernichtung zubewegt, und der anderen, eben der intentionalistischen, die festhält, daß Hitler diese Vernichtungspraxis dauerhaft und nachdrücklich vorangetrieben habe.

Unsere Methode braucht auf keine der beiden Versionen einzugehen, denn sie wird von keiner der beiden widerlegt. Worauf es lediglich ankommt, ist die Logik des Programms

17

selber, die schließlich (ob Hitler nun ein paar Jahre mit anderen, etwa innen- und sozialpolitischen Problemen, mit seiner pathologischen Bauwut oder den Intrigen seiner Kumpanei befaßt war oder nicht) in die Wirklichkeit der Shoah und der großen Slawenexterminierung einmündet.

Hitlers »Dämonie«

Ebenso nachrangig wird hier auch die Frage nach Hitlers persönlichem Charisma, negativ gesprochen seiner »Dämonie« sein.

Gewiß – sein Lebenslauf und sein Charakter geben Hinweise auf die Entstehung seiner schwarzen Metaphysik und ihre besondere Ausstrahlung. Und es gibt keinen Zweifel, daß diese Metaphysik, diese Ausstrahlung »einmalig« in einem sehr bösartigen Sinne waren. Dies bedeutet jedoch nicht, daß sie dem *Zeitgeist* widersprochen hätten – ganz im Gegenteil. Wir müssen uns nur daran gewöhnen, in den geschichtlichen Ahnentafeln Hitlers nicht nur irgendwelche spezifisch deutschen »Reaktionäre« auszumachen (die da natürlich zahlreich zu finden sind), sondern eine Menge »moderner« Theorien und Praxen, die um so mächtiger werden, je mehr die Produktionsfaktoren Wissenschaft und Technik in den Mittelpunkt des Bewußtseins rücken. (War es nicht gerade die brutale »Modernität« des Hitlerismus, die ihn deutlich von benachbarten Faschismen unterschied?)

»Links« oder »rechts«

Ebensowenig braucht es uns zu kümmern, ob Hitlers Programmatik im herkömmlichen Sinn eher »links« oder eher

»rechts« anzusiedeln ist. Selbstverständlich war Hitler ein Feind all dessen, was sich unter der Jahreszahl 1789 zusammenfassen läßt – und damit rechts von allem Demokratischen, was in der politischen Landschaft zu finden war. Aber seine Weltanschauung und seine Vorschläge zur Heilung (oder Vernichtung) des Heillosen, wie er es sieht, sind gespeist von einer Veränderungs- und Umsturzgier, welche die fast aller anderen Feinde des Bestehenden weit hinter sich läßt. Daß dies die borniertenten schwarzweißroten Konservativen verdrängten, daß sie allen Ernstes glaubten, Hitler in einem Honoratiorenkabinett »einrahmen« zu können, hängt damit zusammen, daß sie derlei Gerede (und Gebrüll) seit Kaisers Zeiten kannten und einfach für den Trommelwirbel eines plebejischen, aber nützlichen Demagogen hielten. (Diese Ignoranz bezahlte die dumme und hochmütige Reaktion im Kabinett von Januar 1933 noch im selben Jahr mit ihrer völligen Entmachtung. Den Vorgang tragisch zu nennen wäre geradezu unschicklich – die Beteiligten waren zu läppisch und bar jeder Größe.)

Hitler beim Wort genommen

Die Methode, die uns fruchtbar erscheint, ist der schlichte, aber schwierige Versuch, Hitler so wörtlich wie möglich zu nehmen.

Dies scheint in der Tat äußerst schwer zu fallen. In allen Analysen und Biographien, die gemeinhin erreichbar sind, geschieht genau das, was seine Zeitgenossen (zu ihrem späteren großen Leidwesen) praktizierten: man nimmt ihn nicht wörtlich, sondern relativiert seine Programme, seine Absichtserklärungen in das hinein, was man für den zeit- und ideengeschichtlichen Zusammenhang hält – eben den

Zusammenhang, den Hitler ausnützte und dadurch aufs gründlichste zerbrach.

Der Leser sei gewarnt: wir werden uns mit seiner Programmschrift, mit dem Buch *Mein Kampf*, zu befassen haben. Das Buch ist scheußlich zu lesen, es wimmelt von schiefen Bildern, von bürokratischer Unsinnlichkeit; es strömt, wie der Biograph Fest zu Recht bemerkt, einen modrigen Geruch von geistiger und charakterlicher Enge aus. Es ist gerade der Bauplan des Buches, das gewollte Hin und Her zwischen haßerfüllten Proklamationen und schwelgerischen Bierschlachtenerinnerungen, der es vollends ungenießbar macht. Aber davor schreckt man nicht zurück, wenn es um eine wahrhaftige Perspektive geht.

Es gilt, einen gewissermaßen kopernikanischen Handstreich zu wagen. Es gilt, einen der im Buch herumschwirrenden Schlagwort-Meteoriten als das Zentralgestirn zu orten, um das alles übrige in mehr oder weniger chaotischen Bahnen kreist. Die Probe auf die Haltbarkeit unserer Perspektive wird die Frage sein: kann ein solches Zentralgestirn die fürchterlichen Ereignisse der Jahre 1941 bis 1945 hinlänglich erhellen? Und, noch genauer: ist es imstande, insbesondere die Shoah aus dem Nebel der geschichtlichen Bedeutungsleere herauszuholen?

Dabei geht es als erstes um jene Ideen, Denkmuster und Materialien Hitlers, die er aus dem *Zeitgeist* bezog – einem Zeitgeist, dessen Kind er selbstverständlich war.

3 DAS DUNKLE NEUNZEHNTE JAHRHUNDERT
ODER Der Sieg der Volksaufklärung

Die Auflagen von *Mein Kampf* waren immens. Das Buch wurde bei Aufnahme in Gliederungen der Nazibewegung, bei Trauungen, Beförderungen und allen möglichen anderen Anlässen überreicht. Gelesen hat es angeblich niemand, und die meisten Leute, die das vorgeben, haben nicht einmal gelogen. Eine sperrige Lektüre ist es allemal; wie schon gesagt, ist es sehr schlecht geschrieben, wo es nicht bramarbasiert, ist es umständlich und gestelzt, und die Fixierung Hitlers auf völkisch-österreichische Erinnerungen, denen er ganze Kapitel widmet, verlangte dem deutschen Leser schon damals, 1925, viel zeitgeschichtliches Hintergrundwissen ab.

Aber vielleicht gibt es einen weiteren Grund für die Rezeptionsverweigerung. Der Leser von 1925 hätte nämlich in dem Buch so gut wie nichts gefunden, was nicht sozusagen in der Luft lag. Er hätte kaum unterscheiden können, ob das, was sich nach der Lektüre in seinem Kopf vorfand, nicht vielleicht längst durch eine Fülle von anderen Medien dort abgelagert worden war (Zeitungen, Flugblättern, Schullesebüchern, volksbildenden Broschüren und so fort). Was uns heute bei bestimmten Passagen eiskalt erschauern oder hilflos lachen läßt, wurde damals als Schlagwort-Scheidemünze haufenweise über die Bier- und Kaffeehaustische geschoben.

In den zwanziger Jahren des Jahrhunderts waren die Hülsen weder der rechten noch der linken Slogans mit dem Blut und dem Gift aufgefüllt, das ihnen der Leninismus-Stalinismus und der reale Faschismus, insbesondere der Nazismus einzugießen begannen. Die Münchener Räterepublik von 1919 hatte kaum etwas mit der wirklichen Sowjet-Welt hinter dem Bug zu tun; die Parole vom »Dritten Reich« erinnerte 1920 noch nicht notwendig an ein faschistisches Konstrukt, sondern ihre Herolde wie etwa Moeller van den Bruck assoziierten noch eher den mittelalterlichen Wortgebrauch des Joachim da Fiori, der nach dem Reich des Vaters (dem Alten Bund) und dem des Sohnes (dem Neuen Testament) ein neues und drittes des Heiligen Geistes prophezeite.

Antisemitismus war gang und gäbe. Er erstreckte sich vom Zwielicht mehr oder weniger eleganter Judenwitze bis hin zu Mordgesängen und Mordparolen; aber derlei *(à mort les juifs!)* kannte man schon aus der Dreyfus-Affäre in Frankreich, und Pogrome in Białystok oder Odessa ereigneten sich nur noch (so dachten jedenfalls die zivilisierten Zeitgenossen) in einer finsteren, letzten Endes mittelalterlichen Region. Gewiß – in Österreich-Ungarn war der Antisemitismus schärfer; gewiß – in München-Schwabing residierte der Chefdenker Ludwig Klages, dessen durchaus visionäre Einsichten in den heillosen Zustand der Lebenswelt ihn zu einer absurden Verteufelung jüdischen Geistes verleiteten.

Und an der Münchener Universität gab es einen Lehrstuhl für Geopolitik – eine Wissenschaft, die politische Chancen und Prozesse möglichst umfassend aus den Gegebenheiten des Raumes und seiner Ressourcen zu erklären versuchte und daraus ein sozusagen naturwüchsiges Konfliktdenken ableitete. Sein Inhaber, Professor Karl Haushofer, hatte Ansichten englischer Gelehrter weiterentwickelt, sein eigenes wissenschaftliches Werkzeug durch geopolitische Analysen Japans geschärft und damit internationales Ansehen erlangt. Aber es wäre falsch, ihn als Nazi zu bezeichnen. (Über einen seiner Hörer wird gesondert zu berichten sein.)

Entscheidender als all diese mitteleuropäischen Einzelheiten (und wichtiger für das Verständnis der Hitlerschen Metaphysik) ist die Entwicklung der Volksaufklärung seit der zweiten Hälfte des neunzehnten Jahrhunderts.

Der Sozialdarwinismus marschiert

Der deutsche Sonderweg des Romantizismus, der Arierschwärmerei, der pantheistischen Religiosität, der Überreaktion auf die französische Revolution, der man mit »völkischem« Ideengemisch beizukommen versuchte, wird oft genug für den Aufstieg des Nazismus verantwortlich gemacht, und es ist wohl nicht zu bezweifeln, daß diese Elemente viel zur Chemie des Nazismus beitrugen. Aber nicht nur die Lektüre von *Mein Kampf*, sondern der furchtlose Blick in das gesamte Antlitz des Nazismus läßt einen anderen Zug noch stärker hervortreten: einen brutal-materialistischen Sozialdarwinismus.

Man hat sich genugsam den Kopf darüber zerbrochen, wie ausgerechnet das gebildetste, das alphabetisierteste Volk Europas so etwas wie den Nazismus hervorbringen konnte. Die Antwort ist einfach: es ist genau die Alphabetisierung der deutschen Massen, und es sind die Be-

dingungen, unter denen sie stattfand, welche seine Herauf-
kunft erklären helfen.

Die Aufklärung der deutschen Massen, insbesondere
der Arbeiterbewegung, aber auch der halbgebildeten und
frustrierten Modernisierungsverlierer, war materialistisch-
atheistisch bestimmt. In zahllosen Bildungsvereinen, die
lebhaft besucht wurden (der Durst der Unterprivilegierten
nach Wissen und ihre dafür investierte Energie waren
enorm), setzte sich als die entscheidende geistige Kraft
des neunzehnten Jahrhunderts der Materialismus durch –
und als wichtigste seiner Ausformungen der Darwinismus.

Kraft und Stoff – die Lösung der Welträtsel

Dies geschah in durchaus populärwissenschaftlichen Formen. Man beklagt oft, daß Deutschland kaum imstande sei,
publikumsgerechte Sachbuchautoren hervorzubringen –
im neunzehnten Jahrhundert hat es zwei solcher Talente geboren, die wirkungsvolle und vielgelesene Schriften produzierten: Ludwig Büchner, der Bruder des Dramatikers
Georg, veröffentlichte 1855 *Kraft und Stoff*; Ernst Heinrich
Haeckel 1899 *Die Welträtsel*. Sie wurden die Grundschrif-
ten der populären Aufklärung im Deutschland des neunzehnten und beginnenden zwanzigsten Jahrhunderts. Büchner war atheistischer Materialist, Haeckel der aggressive
Propagator nicht nur des rein wissenschaftlichen Darwinismus, sondern des Sozialdarwinismus, den er skrupellos im
Sinne des herrschenden Kapitalismus interpretierte. Eine
marxistisch orientierte Arbeiterbewegung konnte den Darwinismus natürlich ebensogut brauchen, wenn sie auch
die genau gegenteiligen Folgerungen aus ihm ableitete, das

heißt Haeckel um eine historisch-materialistische Stufe zu überholen glaubte.

Es ist wichtig zu wissen, daß dieser atheistische Materialismus in Deutschland weit mehr Erfolg hatte als etwa in England oder Amerika. Die Beziehungen der aufstrebenden liberalen Bourgeoisie so gut wie die der Arbeiterklasse zu den Kirchen (zur katholischen, die nach wie vor hierarchisch geprägt war, aber viel mehr noch zum staatskirchlichen und obrigkeitsgläubigen Luthertum) entwickelten sich von immer größerem Mißtrauen zu wirklicher Feindschaft und begünstigten das Vordringen eines militanten Atheismus, während die angelsächsischen Protestantismen stärker an die Graswurzeln der Gesellschaft gebunden und damit »volkstümlicher« waren und blieben (man denke etwa an den Methodismus).

So kam es, daß sich der Darwinismus in Deutschland viel rascher und gründlicher durchsetzte als in den angelsächsischen Kulturen. (Dies gilt bis heute; daß etwa in Europa örtliche Elternverbände, selbst in konservativen Gegenden, auf gleichberechtigter Zulassung des »Kreationismus«, also der wörtlichen Auslegung der biblischen Schöpfungslehre, in den naturwissenschaftlichen Kursen der Grund- und Mittelschulen bestehen, ist undenkbar, während es in den USA immer wieder vorkommt.)

Imperialismus und Chauvinismus

Das heißt nicht, daß der Darwinismus und seine vulgäre Sozialvariante auf Deutschland oder Mitteleuropa beschränkt geblieben wären; vielmehr war die gesamte Atmosphäre der sogenannten fortschrittlichen Menschheit von Imperialismus, Machtstreben, offenem Rassismus geschwängert. Da blühten Flotten- und Raumtheorien, *sea power* wurde zum internationalen Schlagwort, dem nicht nur die traditionellen Seemächte erlagen, sondern dem auch (mit katastrophalen Folgen) der deutsche Kaiser Wilhelm II. huldigte. Die USA proklamierten ihr *Manifest Destiny*; und das war nicht mehr nur die Expansion bis zum Pazifik und die Zerkleinerung Mexikos, sondern der Übergang in einen echten Kolonialismus, also die interkontinentale Expansion gegen Spanien über den Pazifik, in deren Zug man einfach die Philippinen annektierte.

»Wir müssen dem Ruf unseres Blutes folgen, neue Märkte und, falls notwendig, neue Länder erobern ... In des Allmächtigen unendlichem Weltenplan sind die niedrigen Kulturen und die in Verfall geratenen Rassen dazu verurteilt, der höheren Kultur und einer edleren und stärkeren Rasse zu weichen.« Wer so daherredete, war nicht etwa Houston Stuart Chamberlain in Deutschland und auch nicht Joseph Chamberlain in London, sondern ein junger Politiker aus Indianapolis namens Albert Beveridge, der demagogisch den Eroberungskrieg von 1898 predigte: »Das Schicksal hat uns unsere Politik vorgezeichnet.« Und es fehlte nicht am Preis der teutonischen Rasse, auch bei dem Mann aus Indianapolis nicht. Immerhin, es ging sichtbarlich um handfeste Interessen, und es blieb einem Briten vorbehalten, dem Empire-Dichter Rudyard Kipling, die eleganteste Formulierung der postchristlichen Missionsideologie zur Verfügung zu stellen – in einem Gedicht, das er ausdrücklich zur Unterstützung der Expansionisten an ein literarisches US-Magazin sandte:

Take up the White Man's Burden
Send forth the best ye breed,

Go bind your sons to exile
to serve your captives' need ...
... your newcaught, sullen peoples,
half-devil and half-child ...

Das ist sehr subtil – dieses Evangelium von der »Bürde des weißen Mannes«, der seine besten Söhne ins koloniale Exil schickt, um dem Wohl der Unterworfenen zu dienen – mürrischer Unterworfener, die halbe Teufel und halbe Kinder sind ... So und vielleicht nur mehr so war der neue brutale Zeitgeist, der Expansionismus, an die alte Fortschrittsleine zu binden, die man im neunzehnten Jahrhundert mehr als je zuvor für den durchgehenden Sinn der menschlichen Geschichte hielt.

»Dialektik der Aufklärung« – das ist das Schlagwort, unter dem wir heute diese Problematik zusammenfassen. In dem Maße, in dem der immer weiter vordringende Forschungsgeist auf die alten Überbauten verzichtete, legte er die vermeintlich unbestreitbaren Grundlinien menschlichen biologischen Verhaltens frei und interpretierte sie schlankweg als Grundlinien des Gesellschaftsbaus der Menschenwelt. So konnte es kommen, daß der Autor des Schlagworts vom »Ausgang aus der selbstverschuldeten Unmündigkeit«, Immanuel Kant, seinen kategorischen Imperativ als stures preußisches Pflichtprogramm und als Ausbildungsvorschrift für preußische Kasernenhöfe zur Verfügung stellen mußte.

Aber kehren wir noch nicht in preußisch-deutsche oder völkisch-österreichische Binnenverhältnisse zurück! Wenigstens drei Erscheinungen des Zeitgeistes sind noch zu würdigen, die über Mitteleuropa weit hinausgriffen: eine mehr oder weniger leise Verachtung für die Demokratie, eine fast allgemeine Überzeugung von der Notwendigkeit der Eugenik und eine dämmernde Ahnung vom nahenden Ende der materiellen Ressourcen.

Die verachtete Demokratie

Auf dem europäischen Festland konnte von einem demo-kratischen Konsens ohnehin keine Rede sein: Der alte Kon-servatismus, verschärft durch Tendenzen der Restauration, denunzierte allenthalben (vor allem auch in Frankreich) die Republik der Advokaten, die Symbolschwäche und das me-chanistische Räderwerk der Abstimmungen und Kompro-misse – also den Parlamentarismus an sich, den Karl Kraus die »Kasernierung der politischen Prostitution« nannte. Von der Wirklichkeit der Praxis *one man – one vote* (ganz zu schweigen von *one woman – one vote*) war man meist noch weit entfernt (man hat nachgewiesen, daß in den Zei-ten der polnischen Schlachta, also der Adelsherrschaft des Krakauer Parlaments, ein größerer Prozentsatz der nationa-len Gesamtbevölkerung das Wahlrecht besaß als in Eng-land vor 1830). Dennoch, man fürchtete noch Schlimmeres: die baldige Ankunft der *wirklichen* Demokratie, und so ar-beitete fast überall die konservative Intelligenz, meist unter-stützt vom Klerus, aber auch von der Mehrheit der Landbe-völkerung, gegen die Demokratisierung schlechthin.

Noch bedenklicher, da zukunftsträchtiger war aber eine neue Art von Gegnerschaft: die Gegnerschaft der naturwis-senschaftlich-technischen Experten, also der Träger des Fortschritts, wie man ihn allgemein verstand. Ihnen schien es lachhaft, daß in einem modernen Staaten- und Wirt-schaftssystem, das immer komplizierter wurde, die Macht an Hausknechte und Hilfsarbeiter oder, was noch schlimmer war, an ihre demagogischen Funktionäre ausgeliefert werden sollte. Waren ihnen auch die alten Eliten zuwider, die Macht und Einfluß besaßen, weil sie einen Adelstitel trugen oder altgriechische Verse auswendig konnten, fanden sie doch eine *One-man-one-vote*-Demokratie noch primitiver und minderwertiger. Das kaiserliche Deutschland mit dem massiv gebremsten Reichstag, der tüchtigen Beamtenschaft, einer technischen Ausbildung, die gerade Engländer den eigenen Landsleuten als vorbildlich empfahlen, und der straff geführten Industrie erregte bei den technischen Eliten des Auslands nicht ganz neidlose Bewunderung. (Sie ist in zahlreichen Popularschriften und in unterhaltender Prosa englischer und französischer Zunge unschwer aufzufinden.)

Erbmasse und Eugenik

Zum wissenschaftlichen Dogmenbestand des ausgehenden neunzehnten Jahrhunderts gehörte natürlich auch die Erblehre. Seit Darwin und seit den Entdeckungen des böhmischen Mönches Mendel glaubte man dicht an die Lösung letzter Welträtsel herangekommen zu sein, und vor allem schien sich ein neuer Blick auf die soziale Frage zu öffnen: das ganze Elend der unteren Klassen kam eben nicht von der Poverté oder einer innewohnenden Unmenschlichkeit des Industriesystems, sondern von der minderwertigen Erbmasse. Überall, vor allem auch in den USA, wurden nun Stammbäume der Kriminalität und der (wirklich oder angeblich) Erbkranken erstellt, denen man mit den Mitteln der modernen Medizin (das hieß chirurgisch) zu Leibe rücken konnte und mußte, um den Volkskörper gesunden zu lassen. Das Ganze nannte sich Eugenik.

Wenn man einen Blick in die einschlägigen Werke wirft, etwa einen gewichtigen deutschen Band von 1921, stößt man auf ein erschreckend dilettantisches Vokabular. »Tüchtig« beziehungsweise »untüchtig«, »debil«, »unausgeglichen« – die Liste solch fadenscheiniger Definitionen von Erbkrankheit läßt sich mühelos verlängern. Dieser Dilettantismus hinderte jedoch die akademisch anerkannten Eugeniker nicht, als Advokaten der Sterilisation und Herolde des Fortschritts atemberaubende Forderungen zu erheben. Alles, was irgendwie asozial aussah, vorsichtshalber auch die Tuberkulosekranken, war fürs Skalpell bestimmt; einer dieser großen Geister schätzte den Anteil der so zu Behandelnden auf etwa dreißig Prozent der Bevölkerung. Partei- und Lagerzugehörigkeit des Predigers spielte dabei kaum eine Rolle – sowohl der deutsche Sozialdemokrat Grotjahn wie das schwedische Ehepaar Myrdal waren warme Befürworter umfassender eugenischer Praxis. Die Grauzone zwischen freiwilliger Zustimmung und »gesundheitspolitischer« Fremdbestimmung des Patienten war und ist naturgemäß kaum zu erhellen. Es wäre wohl recht peinlich, im einzelnen zu prüfen, ob die etwa dreißigtausend Sterilisationen aufgrund eugenischer Indikation, die zwischen den Kriegen in den USA durchgeführt wurden, alle die Zustimmung der Betroffenen hatten; insbesondere, wenn diese Schwarze oder Indianer waren …

Rassismus gehörte fast zwangsläufig zur dogmatischen Eugenik; hier wurde die Zwieschlächtigkeit dieser Art des Fortschritts, der Aufklärung besonders deutlich sichtbar. Vor allem wurde klar: während sich unter dem Vorwand der Voraussetzungslosigkeit die Forschung immer weniger um Ethik kümmerte, zog die Praxis immer noch die alten Vorurteile hinter sich her – eine düstere Kombination.

Als die Aufklärung den wörtlichen Glauben an die biblischen Geschichten zerstörte, traf das natürlich auch den alten biblischen Rassismus, der sich in der Erzählung von den drei Söhnen Noahs konkretisiert: Von den drei Brüdern ist Ham der Unehrerbietige, der die Blöße des betrunkenen Vaters verspottet, während ihn Sem und Japhet abgewandten Gesichts zudecken. Aus den nun folgenden Segens- und Fluchformeln der Noah-Geschichte ergibt sich, wie das die frommen burischen Afrikaander bis in unsere Tage zu wissen glauben, die Bestimmung der Schwarzen, Holzhacker und Wasserträger für die privilegierteren Brüder zu sein.

Das ist natürlich ebenso bequem wie borniert; aber nach dieser Erzählung waren Sem, Ham und Japhet wenigstens Brüder, Söhne eines Vaters und wohl auch einer Mutter. Erst die Aufklärung ermöglichte es, solche Brüderlichkeit (wie wenig sie in der Praxis besagen mochte) grundsätzlich und »wissenschaftlich« in Frage zu stellen.

Voltaire, die große Leuchte an ihrem Anfang, nahm es als erwiesen, daß die Neger dem Affen näherstehen als den höheren Menschenrassen; Kopulationen von schwarzen Frauen und Affenmännchen waren ihm ebenfalls eine bewiesene Sache, und er betrachtete es immerhin als tröstlich, daß die Abkömmlinge aus solchen Vereinigungen selbst unfruchtbar blieben.

Schwierigkeiten im Übergang zur »wissenschaftlichen« Anthropologie bereiteten vor allem die weiter draußen angesiedelten Rassen, die Gelben und die Rothäute. Abenteuerliche Kreuz-und-quer-Hypothesen entstanden – die Völker der Alten Kontinente etwa hätten sich seit dem Turmbau zu Babel aus gleichen Wurzeln auseinanderentwickelt, während Amerikas Rassen unabhängig und lokal entstanden seien.

Andererseits gab es Gelehrte wie den Engländer Edward Long, der hartnäckig auf der Blutsverwandtschaft von Negern und Orang-Utans bestand (und wie Voltaire von der Sterilität der Nachkommen wußte). Es gab einen Herrn Fabricius, der die grundsätzliche Andersartigkeit der Schwarzen anhand ihrer Parasiten bewies: der *pediculus humanus*, der Floh der Herrenrassen, sei eine völlig andere Spezies als der *pediculus nigritarius*, wie ein Blick ins Naturalienkabinett beweise.

Darwin macht alles klar

Vollends wissenschaftlich wurde der Rassismus natürlich mit dem Auftauchen des Darwinismus. Endlich, soviel war klar, hatte man solide Grundlagen für die Verschiedenheit (und die Hierarchie) der Rassen – Weiße, Schwarze, Gelbe und Rothäute stammten eben von verschiedenen Affensorten ab, wobei man allerdings nicht genau wußte, welche Primatenspezies die schlaueste und damit würdig sei, Ahnin des weißen Herrenmenschen zu sein. So wurden Gorilla, Schimpanse, Gibbon und Orang-Utan von den Herren Schaafhausen, Klaatsch, Sergi, Sera, Arldt und manchem anderen jeweils verschiedenen Rassenursprüngen zugeteilt – was natürlich auch genug Gründe für vergnüglichen Gelehrtenstreit ergab. (Solche Polygenese-Theorien hielten sich lange und hartnäckig, bis endlich in unseren Tagen Genom- und Mitochondrienforschung die Genesisgeschichte von der Brüderlichkeit der Noah-Söhne wenigstens teilweise wiederherstellen: Urmutter Eva steigt schwarz und schön aus dem Tanganjika-Graben.)

Verwickelter war und ist die Geschichte des Antisemitismus. Schon der Name zeugt von einem schlechten ideologischen Gewissen, besser: von ideologischer Verdrucksheit: Semiten sind ja bekanntlich auch die Araber, aber das, was wir Antisemitismus nennen und was eigentlich Antijudaismus heißen müßte, ermöglicht gerade die Allianz von Skinheads und Hisbollah.

Vom Gottesmord zu den Blutbahnen

Der alte Antijudaismus, kirchlich sanktioniert und neutestamentlich begründet, war grauenvoll und vergoß in Strömen das Blut der angeblichen Gottesmörder (wobei man praktischerweise auch unbequeme Schuldbücher in Flammen aufgehen ließ). Diesen Antijudaismus hat die Aufklärung, hat das achtzehnte Jahrhundert wirklich ins Herz getroffen; Lessings Nathan steht für den Aufgang wahrhafter Toleranz. Hans Mayer, der gescheite Literaturwissenschaftler, schließt in seinem Buch über Außenseiter, daß diese kurze Epoche die einzige wirklich tolerante war; die Voraussetzung dafür bot eine minderheitliche, aber gesellschaftlich mächtige Allianz zwischen einer abendreifen Aristokratie und den Spitzen eines aufsteigenden Bildungsbürgertums. (Das bourgeoise neunzehnte Jahrhundert ging dann wieder zur Intoleranz über.) Wichtig ist, daß sie durchaus noch verwoben war mit der Ehrfurcht vor positiven biblischen Traditionen, mit neuem Respekt für den großen menschheitspädagogischen Kurs des Alten Testaments.

Im neunzehnten Jahrhundert begann, angestoßen von der großen Französischen Revolution und stetig gefördert vom Freisinn, die große Assimilation der Juden; die deutsche und österreichische Gesellschaft wurde zu ihrem bevorzugten Biotop. Oft genug endete sie mit der Konversion in ein christliches Bekenntnis, aber überraschend oft wurde das schon nicht mehr nachgefragt. Der Weg in eine harmonische Zukunft des Zusammenlebens schien offen.

Ausgerechnet als Folge dieser Emanzipation trat aber nun ein Effekt ein, der dem intoleranten Spanien des sechzehnten Jahrhunderts fast das Genick gebrochen hatte: die Angst vor den Juden nahm damals nach ihrer mehr oder weniger erpreßten Konversion nicht ab, sondern eher noch zu. Die *conversos*, also die getauften Juden und ihre Nachkommen – hatten sie nicht einfach dem Zwang nachgegeben? Führten sie nicht unter der Decke des scheinbaren Konformismus ein altes, zutiefst verwerfliches und vom Himmel selbst verworfenes Leben fort? Folgten sie vielleicht sogar einem finsteren Plan der Unterwanderung und Schwächung des christlichen Spanien?

In diesem durch nichts zu widerlegenden, da völlig unbeweisbaren Dunstkreis des Verdachts tauchte das furchtbare Stichwort von der *limpieza de sangre*, der Reinheit des Blutes, auf. Man traute es dem Wasser der Taufe nicht mehr zu, den jüdischen Nachbarn in einen wahrhaftigen Christen zu verwandeln; man verurteilte ihn zum unwiderruflichen Schicksal der alten Blutbahnen, die ihn für immer zum möglicherweise tödlichen Gegner und damit zum immerwährenden Opfer machten.

Das Muster wiederholte sich im Europa des neunzehnten Jahrhunderts. Assimilation durch freiwillige Eingliederung gebar das gleiche Mißtrauen wie Assimilation durch Zwangsbekehrung. Und es wurde durch die scheinbar wissenschaftliche Erblehre noch verstärkt. Nicht mehr auf die Konfessionsrubrik im Standesamt kam es an, Ahnentafeln zählten jetzt, minimale Beigaben des unreinen Blutes, um auch noch dem assimilationswilligsten Israeliten den gelben Stern, das Warnsignal »Jude« anzuheften.

Was macht den Juden so schrecklich?

Was diesen Juden so schrecklich macht, bedurfte zwar noch der Klärung. Das Unheimlichste an diesem neuen rassischen Antisemitismus ist wohl seine Verschwommenheit – eine Verschwommenheit, die es erlaubte, den Juden wahlweise in die Rolle des nationalen Verräters, des planvollen Ausbeuters, des kulturellen Zersetzers zu zwingen.

Dabei wechselten die Szenarios dieses angeblichen Komplotts und seiner angeblichen Mitverschwörer je nach Lage des Ressentiments. Während der Dreyfus-Krise etwa schuf die rechte französische Presse ein Phantom, welches sie *le syndicat* nannte. In den Karikaturen trug es alle Merkmale des satanischen Krummnasenjuden, die später das Nazihetzblatt *Der Stürmer* verbreitete, aber für die Franzosen war der Syndikat-Jude natürlich ein Verbündeter des deutschen Kaisers. Dieser deutsche Kaiser seinerseits war (mit dem Historiker Treitschke und vielen anderen) fest davon überzeugt, daß die Juden unser Unglück seien, ein Geschwür am deutschen Reichskörper, und daß es am klügsten wäre, sie ins Irgendwo abzuschieben, wenn nicht ganz zu eliminieren.

Damit wären wir wieder bei den Deutschen. Und es muß zugestanden werden, daß die Deutschen und die Österreicher, insbesondere ihre führenden Klassen, handfeste Gründe hatten, sich vor den Juden zu fürchten.

Das deutschsprachige Mitteleuropa befand sich in einer stürmischen, dabei besonders schwierigen und komplizierten Modernisierungsphase. Die höheren Ränge der Gesellschaft waren nach wie vor vom Feudalismus bestimmt und besetzt; die Kirchen, das Militär, die hohe Beamtenschaft waren Juden nicht zugänglich. Aber im Geschäfts- und im Geistesleben, im urbanisierten Alltag wie in der Entwicklung des Rechts nahm die Geschwindigkeit der Modernisierung stetig zu, schuf ständig neue Betätigungsfelder und veränderte die Bedingungen in den schon bestehenden. Was in dieser neuen Gesellschaft zählte, war Abstraktions- und Artikulationsfähigkeit, war Raschheit der Auffassung wie des Abwägens, Sensibilität für das gesellschaftlich und politisch Neue, verbunden mit Hartnäckigkeit und Talent zu kritischer Freundschaft.

Genau das aber waren die Eigenschaften, die in der jahrhundertelangen Binnengesellschaft der Ghettos, in der kontinuierlich gepflegten und durch stete Diskussion überprüften Auslegung der Thora, in einer überwältigend hohen Alphabetisierungsrate wenn nicht genetisch, so doch kulturell selektiert wurden.

Sie schossen nun in eine Gesellschaft ein, die ihnen und ihrer Dynamik fast zwingend die Rolle der Modernisierer zuwies. An den alten, langsam verwitternden Felsen der vorbourgeoisen Gesellschaft strömten sie notgedrungen vorbei: sie konnten weder Generäle noch Landräte, weder hohe Richter noch Bischöfe werden. Aber sie konnten alles das werden, was sonst in einer modernen Gesellschaft nötig war und Ansehen, Einkommen und innere Befriedigung versprach: Banker und Industrielle, Ärzte und Physiker, Schriftsteller und Journalisten und Theaterleute.

Die »arische« Bourgeoisie, die sie umgab, hielt sich aus Vorsicht und Kleinmut an die alten Zustände, in denen der Wert des Mannes noch am Bizeps und die Ehre des Mannes von Stand noch am Duellkodex gemessen wurden. Die Söhne dieser Bourgeoisie etwa betrachteten, altehrwürdiger deutscher Tradition folgend, die Universität nicht so sehr als einen Ort des Wissenserwerbs als vielmehr der Charakterfestigung mittels kräftigen Trinkens und Säbelschwingens, und sie hielten jüdische Kommilitonen tunlichst von ihren Sauf- und Paukaktivitäten fern. Was folgte unvermeidlich? Die jüdischen Kommilitonen gingen auf Überholspur und produzierten nicht nur auf den Berufsfeldern, die ihnen offenstanden, weit überlegene Leistungen, sondern trieben das allgemeine Kulturniveau der einschlägigen Berufe (Rechtsanwälte, Wissenschaftler, Ärzte, Unternehmer und so fort) aufs anstrengendste nach oben.

Die stürmische Eile des jüdischen Aufstiegs war auch eine Folge jüdischer Familientradition. Keine Mamme gestattete es ihren Kindern, unter den Möglichkeiten ihrer Talente zu bleiben; darüber gibt es unzählige Familiengeschichten, von Leitomischl bis Brooklyn. Und auch über den Erfolg gibt es Belege: Eine kurz vor dem Ersten Weltkrieg erstellte Statistik befaßt sich mit der prozentualen Über- und Untererfüllung des Solls von Gymnasiasten und Studenten an den Höheren Schulen und Universitäten, nach Bekenntnissen geordnet. Die Katholiken blieben zwanzig Prozent unter ihrem Soll, die Protestanten erreichten es mehr oder weniger, und die Juden (die Schüler »mosaischer Konfession«) kamen mit mehr als sechshundert Prozent darüber.

Der Haß auf die Überholer

Man hat oft gerätselt, warum die Deutschen eine Minderheit, die auf allen Feldern der Zivilisation sichtlich Hervorragendes beisteuerte, in die Vernichtung trieben. Nun, ein Grund ist sicher gewesen, daß sie eben diese Beiträge erbrachte und daß man sie ebendeswegen haßte. Man hatte zwar die Franzosen bei Sedan geschlagen, man war ein großes und modernes und lautes Reich geworden, aber das hieß doch nicht, daß man sich völlig der alten Verhocktheit und Gemütlichkeit entäußern wollte. Das hieß doch nicht, daß die bescheidenen Meßlatten des Erfolgs, die man bisher mehr schlecht als recht überspringen konnte, plötzlich um einen Fuß, um eine Elle oder gar einen neumodischen Meter höhergelegt wurden. Der Haß auf die jüdischen Streber trieb in Wien schon zu Hitlers Männerheimzeit die deutsch-arischen Studenten in Prügelorgien, und ich wage zu behaupten, daß er auch 1933 ein Hauptgrund für den Verrat der deutschen Universitäten an ihren jüdischen Professoren war. (Darunter freilich lagen tiefere und schwärzere Gründe, die an sich gar nichts mit Rasse, also Genetik, zu tun haben. Von ihnen wird später die Rede sein.)

Es liegt auf der Hand, dieser Antisemitismus war grundsätzlich etwas anderes als der altkirchliche Judenhaß. Der war natürlich als unwissendes Mißtrauen in den alten konfessionellen Milieus immer noch vorhanden und hinderte im Zweiten Weltkrieg die christlichen Mehrheiten Europas (mit einigen heroischen Ausnahmen vor allem in den Niederlanden und Skandinavien), sich wirksam für die Gejagten einzusetzen. Aber darüber ist längst genug gesagt worden.

Weitere Rassenprobleme

Der »wissenschaftliche« Rassismus befaßte sich nicht nur mit den Juden, sondern mit noch wesentlich absurderen Problemen. Er diente vor allem dazu, innerhalb dieses Europa so etwas wie eine Rassenhierarchie zu erarbeiten, wobei man Hilfswissenschaften wie Schädelmessung und Philologie heranzog. Lächerlich hohe Noten erhielten in diesem Spiel die Germanen, und zwar nicht nur im deutschsprachigen Kulturkreis. In Frankreich entstand eine lähmende Theorie vom Gegensatz zwischen hohen, hellen schmalschädeligen fränkischen Herren und rundköpfigen, gedrungenen »Galliern«; eine Theorie, der durchaus ernsthafte Akademiker anhingen. Für sie bedeutete der deutsche Siegeszug von 1870/71 mit seinem vulgären Triumphgebrüll eine schreckliche Härteprüfung ihrer Überzeugungen; einer dieser »Germanisten« rettete sie und sich durch die These, daß die rohen Sieger gar keine Germanen, sondern eine boruzzisch-finnische Minderrasse seien, welche ihrerseits die edlen und innigen Deutsch-Germanen unterdrückt habe. (Der politisch aktive Mediziner Virchow fand die These immerhin interessant genug, daß er eine anthropologische Untersuchungsgruppe nach Finnland sandte. Die Ergebnisse widerlegten den besorgten Franzosen.)

Das Ärgernis der Slawen

Es verblieben als Ärgernis die Slawen. Schon aus historischen Gründen wurden sie wenn nicht verachtet, so gefürchtet – meist beides. Daß sie im Vergleich zu den Deutschen minderwertig waren, lag, so hieß es, auf der Hand; überall dort, wo eigene slawische Kulturen und Staaten entstanden waren, verdankten sie dies nachweislich deutsch-nordischer Genialität – von der Rus in Kiew bis zu den Städten der Polen und Tschechen. Ihr Territorium bot sich als Feld der deutschen Expansion geradezu an. (Das war allgemeine, unbestrittene Überzeugung. Es ist festzuhalten, daß auch linke, demokratische Abgeordnete in der Frankfurter Paulskirche 1848 entsprechend expansionistische Reden hielten, in denen sie feurig das *Manifest Destiny* Deutschlands im minderrassigen Osten schilderten.)

Der deutsche Dichter und Gelehrte Herder hatte nun den unverzeihlichen Fehler begangen (so sah man das), die Poesie dieser Völker zu sammeln, zu übersetzen und herauszugeben. Er hatte ihnen damit eine Chance eröffnet, sich aus der traurigen Existenz von Agrar- und anderem Dienstpersonal herauszuwinden und ihre Küchendialekte zu Nationalsprachen auszubauen. Die unselige Folge war der Aufstieg nicht nur von neuen Nationalismen, sondern auch einer neuen, militanten Sammelideologie, dem Panslawismus.

Der richtete Strahlen der Zerstörung natürlich vor allem auf das eine politische Gebilde, das mit allen technisch-nationalistischen Neuerungen und Ideologien am wenigsten anfangen konnte: auf die alte k.u.k. Donau-Monarchie. Von Norden und Westen bedrängte sie Deutsch-Völkisches, nicht zuletzt der nordgermanische Bruderkuß; von Osten und Süden der neue slawische (aber auch der ungarische) Nationalismus, und in Wien, der widerspruchsvollen Metropole, stießen klirrend und knirschend die neuen und die alten Leidenschaften aufeinander. Damit kommen wir wieder dem Zentralgegenstand unserer Untersuchung nahe: dem arbeits- und vaterlandslosen Linzer Waisenknaben im Wiener Männerheim.

Erste Schatten der Gattungsfrage

Aber treten wir noch einmal von diesem beklemmenden Anblick zurück. Befassen wir uns zuvörderst mit dem dritten Problem, das nun, im neunzehnten Jahrhundert, in die öffentliche Erörterung eintrat: mit dem Bevölkerungsproblem und der wissenschaftlichen Agronomie, die ja im allgemeinen mit den Triumphen des genialen Justus Liebig identifiziert wird. Seine Arbeiten leiteten die Vervielfältigung der Bodenerträge durch chemischen Dünger und damit die Ära des modernen *agrobusiness* ein. Was weniger bekannt ist: er selbst warnte bereits vor den möglicherweise bedenklichen Folgeerscheinungen einer chemisierten Landwirtschaft. Aber seine Warnungen sind historisch nie wirksam geworden.

Und er war nicht der einzige, der warnte. Im Laufe der mittleren Jahrzehnte des Säkulums häuften sich die Einsichten in die Verderblichkeit intensiver Landwirtschaft, und Marx und Engels interpretierten solche Einsicht als Indiz für den Ausbeutungscharakter des Kapitalismus. Die Sorge um die geschundene und entfremdete Natur, seit der Romantik ein literarischer Gemeinplatz der Konservativen, bezog nun ganz neue Waffen aus den Arsenalen der Wissenschaft. Zwischen den Kriegen wurde sie fester Bestandteil des allgemeinen kulturellen Unbehagens; Schlagworte wie »Der Mensch, sein eigenes Haustier« und »Vordringen der Kultursteppe« gehörten in das Standardrepertoire etwa der Lehrerzeitschriften der Weimarer Epoche.

Daß schließlich auch die Frage des Bevölkerungswachstums in den kritischen Blick des Rationalismus geriet, war nur logisch. Seine Behandlung als politisches und gesellschaftliches Problem ist mit dem Namen des Pioniers Thomas Robert Malthus verbunden, eines anglikanischen Pastors in Surrey. Die erste Version seines entscheidenden Werks *An Essay on the Principles of Population* veröffentlichte er 1798 als einen kritischen Aufsatz; Jahre später erschien das völlig überarbeitete Werk als wissenschaftliches Opus mit einem stattlichen Apparat.

Malthus, der die Überwältigung der Nahrungsbasis durch das geometrische Wachstum der Bevölkerung voraussagte, war alles andere als ein Materialist; als einziges sowohl wirksames wie moralisch vertretbares Mittel der Bevölkerungskontrolle empfahl er *moral restraint*, worunter er strikte voreheliche Keuschheit und späte Heiratstermine verstand. Diese moralische Zurückhaltung würde, so hoffte er, genügen, um die naturwüchsigen Bevölkerungskatastrophen der Vergangenheit mit ihren entsetzlichen Leiden zu vermeiden. Dennoch wurde er fast augenblicklich und immer wieder als Immoralist und Schwarzseher angegriffen. Weder der aufsteigende Kapitalismus noch später der Sozialismus konnten und wollten sich ernsthaft auf eine Diskussion dieses Dilemmas einlassen, und gerade die armen Weltgegenden sind bis heute nur zögernd bereit, in malthusianischen Empfehlungen etwas anderes zu sehen als weißimperialistische Drückebergerei vor den Forderungen globaler Gerechtigkeit.

Aber gerade die Marxisten wußten, daß diese Frage, deren Ansatz jeder Grundschüler mit einem Taschenrechner erstellen kann, auf die Dauer nicht umgangen werden konnte. Ihre mögliche Antwort ist in einem Brief Engels' an Kautsky 1881 versteckt: Engels ist zuversichtlich, daß, falls die Gesellschaft die Reproduktion des Menschen ebenso regulieren muß, wie sie die Produktion von Dingen bereits geregelt hat, der Kommunismus und nur der Kommunismus imstande sein werde, dieses Problem *ohne Schwierigkeit* zu lösen ...

Der Weg der Aufklärung ins Dunkel

Werfen wir einen zusammenfassenden Blick auf die Kräfte des neunzehnten Jahrhunderts. Zunächst fast unbemerkt, aber dann mit wachsender Schnelligkeit und Dynamik hat ein immer größerer Teil dieser Kräfte das Gleis verlassen, auf dem die Aufklärung im achtzehnten Jahrhundert abgefahren war. Die ursprünglichen Ideale, der ursprüngliche Idealismus verblaßten mehr und mehr, obwohl oder gerade weil der neue Kurs und seine denkerischen Werkzeuge komplett aus den Arsenalen der Aufklärung kamen oder doch zu kommen schienen.

Beruhte der neue Kodex der Menschheit nicht auf dem aufklärerischen Ethos der realistischen, von keinen metaphysischen Nebeln getrübten Weltbetrachtung? Fügten die Funde der Wissenschaft dem Wissen und damit den Möglichkeiten zur Selbstbestimmung nicht ständig neue, aufregende Einsichten hinzu? Löste etwa die Doktrin von »Kraft und Stoff«, löste die darwinistische Evolutionslehre nicht eine ganze Reihe von Welträtseln, die bisher den Fabulationen der Theologie überlassen waren?

Und hatte man nicht das Recht, aus diesen Einsichten, die Gott als Hypothese immer überflüssiger machten, die entsprechenden Folgerungen für den Umgang der Menschen und Gesellschaften miteinander abzuleiten? Ergab sich auf diese Weise nicht ein *Manifest Destiny*, ein weiter nicht begründungspflichtiges Recht für die weiße, offensichtlich überlegene Rasse, mit physischer Gewalt an die Grenzen der Welt vorzudringen? Ergab sich nicht die Pflicht dieser Überlegenen, auch das Recht der Kinder und Enkel auf eine privilegierte Zukunft durch entsprechende Maßnahmen zu sichern?

Aber wie konnten diese, aus dem wissenschaftlichen Befund ohne weiteres ableitbaren Handlungsmaximen mit den naiven Vorstellungen von einer politischen oder gar gesellschaftlichen Demokratie zusammengehen?

Soweit der wachsende Verdacht im sogenannten Abendland. Er durchsäuerte immer mehr die alten christlich-konservativen, aber auch die demokratischen Traditionen, wobei für unerschrockene Geister der Ausgang aus dieser Gemengelage nicht zweifelhaft sein konnte.

Die neue Melancholie

Nun, all dies ist seit Horkheimer und Adorno als »Dialektik der Aufklärung« bekannt. Und diese Dialektik wirkte lange vor ihrer professoralen Formulierung in die Robustheit des viktorianischen und wilhelminischen Zeitalters hinein: als ein Schleier der Melancholie, der düsteren Vorahnung hat sie sich über die ahnungsvolleren Geister gebreitet. Vergänglichkeit, nun nicht mehr durch überirdische Verheißung kompensiert und sinnversehen, war einer der Namen dieser Vorahnung. Der französische Aristokrat Gobineau, der mit seinen *Versuchen über die Ungleichheit der Menschenrassen* den doktrinären Rassismus der Neuzeit 1822 einleitete, sann darüber nach, ob wir noch mehr als drei oder vier Jahrtausende von dem Augenblick entfernt seien, der »dem letzten Seufzer unserer Gattung vorausgeht, Zeiten, in denen der stumm gewordene Erdball – doch ohne uns! – seine Bahnen fühllos fortschreibt …« Ganz ähnlich formuliert es Ludwig Klages, wenn auch von anderen ideologischen Voraussetzungen ausgehend, wenn er als Vision (als hoffnungsvolle, wohlgemerkt) wieder die ewigen Wälder über der Verwüstung zusammenrauschen sieht, welche die »Veraffung« der Seele durch den Geist angerichtet hat und noch anrichten wird. Wir werden auf dieses Bild vom menschenleeren Erdball stoßen; seine groteskeste, aber folgenreichste Prägung erhält es in Hitlers *Mein Kampf*.

All das bildete ein hochexplosives Gemisch, in Mitteleuropa explosiver als im Westen, der noch an alten freiheitlichen Gesittungen festhielt. Es bedurfte nur eines katalytischen Moments, daß sich dieses Gemisch entzündete. Und es war genau in diesem Moment, im donnernden Echo der Schüsse von Sarajevo, daß der staatenlose Dreißigjährige ins Licht der Geschichte trat.

4 WIEN UND MÜNCHEN

ODER Der amputierte Führerfisch

Bis dahin war er ein Niemand gewesen. Spätere Gegner nannten ihn den Anstreicher oder auch, im angelsächsischen Bereich, den *paperhanger*, den Tapezierer. Beide Bezeichnungen sind eine Beleidigung für ehrliche Handwerkszweige.

Der Ortlose …

Adolf Hitler hatte die Realschule abgebrochen und dämmerte in Tagträumen dahin, in pubertären Phantasien vom eigenen Künstlertum, das er sich mit Architektur- und Bühnenbegeisterung und etwas Postkartenmalerei bewies; er war ein Nichtstuer, der vier Jahre lang abgerissen in Wiener Männerheimen vegetierte, der von einer winzigen Waisenrente und von der Großzügigkeit des Rahmenmachers Samuel Morgenstern lebte, welcher ihm ab und zu eine seiner ängstlich-realistischen Stadtansichten abnahm. Er war ein Lumpenbohemien, der genug Zeit an der Hand hatte, um die ärmlichsten Verlautbarungen des sogenannten Volkstumskampfes in sich aufzunehmen, das ganze Ressentiment und Konterressentiment, das damals in Wien wucherte: zwischen Deutschen und Tschechen, Deutschen und Juden, Deutschen und Italienern und kreuz und quer zwischen all diesen Völkerschaften. Er lernte, als gelehriger Schüler der Alldeutschen, den eigenen Staat hassen und für Bismarck-Deutschland schwärmen. Er grenzte sich in seiner Ortlosigkeit penibel von der Welt der Arbeiter ab. Und er absorbierte wohl den größten Teil des minderwertigen völkischen Treibens, das im staatsfernen und verbitterten Deutschösterreich ausgebrochen war: hörte vom Herrn Lanz zu Liebenfels, der die Psalmen für nordische Lichtmenschen umdichtete und die erste Hakenkreuzfahne hißte; las die zeternden Blättchen in Kleinstauflagen; bewunderte wohl auch den machtvollen Bürgermeister Lueger, der über Wien herrschte und mit seinen Christlich-Sozialen einen ebenso brutalen wie pragmatischen Antisemitismus pflegte. In all dem brauchte er sich nicht heimatlos zu fühlen. Er war durchaus ein Teil und Geschöpf des Zeitgeistes, der ihn dann, 1913, nach München führte.

Da lebte er um keinen Deut anders als in Wien – in verwanzter billiger Stube, von einem Tag auf den anderen, fasziniert von der allenthalben spürbaren Macht des Reiches, aber doch auch ziemlich weit weg von der Welt des preußischen Nordens, die ihm im Grunde völlig fremd war.

... findet Heimat

Sein Glück und unser aller Unglück war der Kriegsausbruch 1914. Man glaubt Hitler in einem Dokumentarphoto erkannt zu haben, das die patriotisch begeisterte Menge vor der Feldherrnhalle festhält. Zweifel an der Authentizität des Kopfes wurden angemeldet; im Grunde ist sie als Evidenz reichlich unerheblich.

Jedenfalls meldet sich Adolf Hitler freiwillig in ein bayerisches Infanterieregiment, wird angenommen und verschwindet vier Jahre lang im flandrischen Schlamm – ein Mann ohne jede Anbindung an eine halbwegs normale menschliche Heimat. In diesen vier Jahren bringt er es zum

Gefreiten; später befragte bayerische Offiziere versichern glaubhaft, daß sie ihm keinen Führungsposten, auch nicht den des Unteroffiziers, zutrauten. Es gibt Gerüchte, daß er in Frankreich einen Sohn gezeugt hat. Auch dies ist, falls es stimmen sollte, bedeutungslos, für ihn wie für unsere Geschichte.

Wir kennen ein paar Briefe und Postkarten, die er geschrieben hat. Wir wissen von schattenhaften Urlauben und Lazarettaufenthalten im Reich. In *Mein Kampf* beschreibt er umständlich, wie ihn die Stimmung in der Heimat deprimierte; und vermutlich kann man ihm das glauben. Man führe sich seinen Sitz im Leben vor Augen: den einsamen Meldegänger im Unterstand, der zwar schlecht, aber immer noch besser als die Daheimgebliebenen zu essen bekommt; zum ersten Mal in seinem Leben jeder Identitätskrise enthoben, ausgezeichnet für persönlichen Wagemut (1914 das Eiserne Kreuz II. und 1918 das I. Klasse). Der wird nun für ein paar Urlaubswochen in eine zivile Welt versetzt; eine Welt, die allmählich und schmerzvoll begreift, wie man sie hereingelegt hat und immer noch hereinlegt; die begreift, wie skrupellos sie durch das Große Hauptquartier (die einzige Autorität, die real über das deutsche Schicksal bestimmte) in ein kriegsverlängerndes Lügengewebe eingesponnen wird.

Hitler erfindet sein Deutschland

Es ist logisch, daß der Gefreite Hitler solche Enthüllungen voll Entsetzen zurückweist. Denn was ist er überhaupt noch, wenn diese geheime Wahrheit zur öffentlichen Wahrheit wird? Was steht für ihn, den Heimat- und Vaterlandslosen, auf dem Spiel, wenn das feldgraue Vaterland, das einzige, das er kennt, von Jahr zu Jahr, von Monat zu Monat klarer als blutiger historischer Fehlgang, als propagandistische Projektion erkannt wird?

Und so erfindet er seine eigene Heimat. Er erfindet das Deutschland, das er in *Mein Kampf* beschreibt: das im Grunde so unschuldige, so vertrauensselige, aber gerade deshalb verratene, das von Marxisten und Juden tödlich geschwächte, das der raffinierten, unendlich überlegen gehandhabten Feindpropaganda und den inneren Zersetzern unterlegene Deutschland.

Logisch ist es also, daß der Gefreite im Lazarett Pasewalk bei der Nachricht vom grauen, unrühmlichen Kriegsende angeblich beschloß, Politiker zu werden. Angeblich oder nicht – seinen Mythos baute er selber zusammen. Was machte es schon, wenn er den strebsamen und schwungvollen Linzer Knaben erfand, dem der Sinn eh und je nach Kunst stand? Was machte es, wenn er einen strengen, aber gerechten Vater erfand, der in Wahrheit wohl ein prügelnder Tyrann gewesen war? Was machte es, wenn er harte Arbeitsjahre inmitten sozialdemokratischer Agitation in Wien erfand, während er vier Jahre lang nichts als das gewesen war, was die Wiener einen Tachinierer nennen?

In Wahrheit war das alles gleichgültig. Mehr noch: es wurde fast allgemein als bedeutungslos begriffen. Je weniger dieser Führer vor 1918 gewesen war, desto neuer versprach nun alles zu werden.

Wer sich an den Alltag im Dritten Reich zurückerinnert – wann wurde je von Hitler als einer wirklichen Person gesprochen? Wen interessierten letzten Endes die Schulbubengeschichten von der armen Mutter in Braunau, vom kecken Realschüler, von den harten Wiener Jahren, über die man nie Genaues erfuhr?

Gerade die Wesenlosigkeit dieser Biographie war der Kern dessen, was man als seine »Dämonie« verstand und versteht.

EXKURS I
Wie dämonisch war Hitler?

Die Frage ist von vornherein verdächtig. Sie läßt vermuten, daß der Fragesteller eine Schwachstelle in seiner politischen Vergangenheit mythisch-mystisch verstecken will. Es gibt eine Geschichte über den Schweizer Theologen Karl Barth, dem deutsche Amtsbrüder nach 1945 versicherten, sie hätten dem Satan ins Auge geblickt. Er lachte sie aus und meinte, sie wollten nur nicht zugeben, daß sie politische Trottel gewesen seien.

Dennoch, nicht nur der ernsthafte Rüdiger Safranski hat das absolut »Böse« als zweckmäßiges Element der Beschreibung wiederentdeckt, und im Fall Hitler kürzt die Dämonieformel zumindest die Antwort auf die Frage ab: wie kam es, daß eine Mehrheit des deutschen Volkes auf diese Figur, die dreißig Jahre lang ein Nichts gewesen war, mit diesen Orgien der Verzückung reagieren konnte?

Persönlich kann ich keine Auskunft geben. Ich sah ihn ein einziges Mal ohne Medienvermittlung – nach der Eröffnung der ersten Ausstellung im Haus der Kunst, glaube ich. Ich muß zwölf oder dreizehn Jahre alt gewesen sein. Er fuhr die Prinzregentenstraße stadtauswärts, an der Spitze einer Kolonne von schwarzen Daimlern, stehend im offenen Wagen, die Rechte nach rückwärts über die Schulter geschlagen, mit der Handfläche nach oben – mit dem entstellten Faschistengruß also, der an tabletttragende Kellner erinnert. Hinter ihm, jeweils durch einen Wagen voll Wachen getrennt und gesichert, folgten die Seinen – ich meine Goebbels und Heß und Göring gesehen zu haben, aber natürlich ist das nicht zuverlässig bei einem mit Reproduktionen vollgestopften Gedächtnis. Hitler jedenfalls sah ich, das ist unbestreitbar. Und er beeindruckte mich überhaupt nicht. Er war nicht wirklicher als eine Propagandapostkarte.

Solche Immunität kam vor, öfter als einmal; das ist bezeugt. Aber viel, viel öfter hat er angezogen, magnetisiert, bezaubert; auch das ist zweifelsfrei bezeugt. War er dämonisch? Hatte er Mana, Charisma – vielleicht nur für die Verführbaren? Wenn ja, dann buchstabierten sich Dämonie und Charisma sicherlich nicht in diesem montierten Gesicht, dem Schaltergesicht des mitteleuropäischen Subalternen, der Visage des Hausknechts von der Nebenpension.

Ich schlage vor, daß wir uns der Frage des Dämonischen kunsthistorisch nähern, da bleibt man unbefangener. Betrachten wir zum Beispiel die Dämonen des Hieronymus Bosch! Dessen krakelige Monster sind vielgestaltig genug, aber sie haben alle etwas Gemeinsames: sie sind nicht komplett. Ihr Terror, das Entsetzen, das sie abstrahlen, ist das von unvollständigen, aufs Maschinell-Monomane reduzierten Krüppelwesen. Darauf, auf Deformation, läuft, so meine ich, auch Hitlers Dämonie letzten Endes hinaus (falls es sie gab).

Aber was fehlte ihm? Was war sein entscheidendes (und in der Wirkung höllisches) Handicap? Hier hilft ein Exempel aus der experimentellen Biologie.

Vor Jahren las ich von einem Versuch, den man mit Schwarmfischen ausrichtete, jenen winzigen glitzernden Wesen, die zu Hunderten und Tausenden gemeinsam und in einem einzigen Augenblick die Richtung wechseln; Knoten in einem unsichtbaren Beziehungsnetz, das als Überorganismus zu leben und zu funktionieren scheint. Den Nervenstrang, der ihnen das ermöglicht, hat man isoliert: er läuft längsseits ihrer Flanken. Und man hat, in der bekannt skrupellosen Neugier der Naturwissenschaft, einen dieser Kleinen zum Krüppel gemacht und das lebenswichtige Empathie-Organ entfernt. Der mißhandelte Fisch, äußerlich unversehrt, wurde dann dem Heimatschwarm zurückgegeben – und er wurde logischerweise zum Führerfisch.

Logischerweise. Denn da er keine Signale wahrnahm, die Tausendschaft seiner Gefährten aber einen solchen Zustand nicht kannte, nahmen sie seine einsamen, nicht mehr mit ihnen koordinierten Richtungsentschlüsse als Ergebnis der vertrauten kollektiven Abstimmung und damit als richtungweisend an. Er allein, der geheime Krüppel, schien zu wissen, wo es langging, wo es aufwärts oder abwärts oder links oder rechts ging, während er in Wahrheit nur blindem, autistischem Drang folgte.

Führerdämonie als Folge von absoluter, zur Empathie unfähiger Ichbezogenheit – setzt man sich dieser Möglichkeit erst einmal aus, dann findet man sie öfters als einmal in der Geschichte der »großen« Führergestalten. So scheint zum Beispiel alles darauf hinzudeuten, daß Alexander von Makedonien darunter litt. Bei Napoleon ist es schon belegbarer, etwa durch die Aufrufe an seine Soldaten und seine Nation bei der Eröffnung eines neuen blutigen Krieges: »Franzosen! Der Zar hat mir sein Wort gebrochen!« Offensichtlich hielt er persönliches Betrogenwerden für einen hinreichenden Grund, Schlachtfelder mit Myriaden von Toten zu pflastern. Aber keiner war so entschieden verkrüppelt wie Hitler.

Er war ein besessener Monologisierer; einen verständigen Austausch von Argumenten kannte er seit frühester Jugend nicht. Zeugen berichten, daß er im Wiener Männerheim, in der Zeit seiner absoluten Lebensunfähigkeit, die Zimmergenossen bis in die frühen Morgenstunden mit der Wiedergabe frisch angelesener oder angehörter Meinungen traktierte und sie, wenn sie sich auf ihr Schlafbedürfnis beriefen, anfuhr: »Das interessiert dich wohl nicht?« Otto Strasser, lange Zeit sein Weggefährte, der mit ihm die famose Haft in der Festung Landsberg 1924 teilte (und später ein gefährlicher Gegner wurde), berichtet, wie sehr sich die trinkenden und kartenspielenden Kumpane durch Hitlers endlose Zimmermärsche und Monologe im Stockwerk darüber irritiert fühlten, und daß sie ihn nicht zuletzt deswegen überredeten, seine Gedanken niederzuschreiben, woraus dann *Mein Kampf* entstand. Und wenn man die umfangreichen Protokolle seiner sogenannten Tischgespräche während der Kriegsjahre nachliest, wird genugsam klar, daß auch hier nur er sprach, daß ausschließlich er sprach und niemand sonst. Seine Ideologie, seine Metaphysik nährte sich aus den Abfällen des Wiener und Münchener Zeitgeistes, er verstärkte sie in den Echoräumen der eigenen Brust, bewahrte sie instinktiv vor jeder Prüfung durch irgendeine ehrliche Argumentation oder Lebenspraxis. Sein Gedächtnis war formidabel, aber man wird in seinen Schriften oder Reden vergebens nach einer halbwegs verständigen oder auch nur skizzenhaften Darstellung gegnerischer, etwa marxistischer Theorie suchen. (Im zweiten, seinem Weltkrieg mied er tunlichst jeden Anblick der Zerstörung, etwa die Trümmerfelder der zerbombten Städte.)

Ja, er war der amputierte Führerfisch, der keine korrigierenden Signale mehr aufnimmt – der nur noch seinen finsteren Zwängen folgt. Der deutsche Riesenschwarm, desorientiert durch die Niederlage Kaiserdeutschlands im Felde und sich mühsam auf einen demokratischen Frieden ohne Annexionen, auf Wilsons vierzehn Punkte ausrichtend, hat fast sofort auch die Niederlage Wilsons in Versailles, den Anbruch eines unbarmherzigen Diktatfriedens erlebt und gerät so in gänzlich unvertraute, kalte und öde Gewässer. Konfrontiert mit feindseligen, fast tödlichen Formen der Wirtschaftskrise, ratlos bis ins Mark, gewahrt er die zielstrebige Wut, mit der dieser Autist ins Unbekannte schießt, hält sie für den Zeigefinger der Vorsehung, die Wegweisung aus der Not, die Verheißung einer vorläufig unvorstellbaren, aber auf jeden Fall gloriosen Zukunft. Und die Nervenleisten der Millionen stellen sich auf ihn ein.

In den Jahren 1919 bis 1923 entdeckte Hitler in München sein Talent als Agitator, war als solcher recht erfolgreich, paddelte geschickt in den reaktionären Strömungen des Bayernlandes. Dazu kamen aber auch zusätzliche Kenntnisse und Impulse, die er aufnahm, und diese werden im allgemeinen unterschätzt. Man folgt damit (bewußt oder unbewußt) den Verschleierungen Hitlers selbst, der die Wiener Jahre als die Zeit seiner entscheidenden Formation beschreibt. Das stattliche Werk *Hitlers Wien* von Brigitte Hamann, in dem buchstäblich jeder Meldezettel vermerkt ist, hat diese Fehleinschätzung noch verstärkt – womit man der Autorin Unrecht tut, wie ich meine. Denn gerade weil das Buch nichts ausläßt, kann man beim Vergleich mit Hitlers Angaben in *Mein Kampf* ziemlich genau feststellen, was seinem Programm erst in München zugewachsen ist.

Der zweite Bildungsweg

In Gesprächen mit Weggefährten hat Hitler später selbst seinen Festungsaufenthalt in Landsberg 1924 als seine »Hochschule« bezeichnet. Er gibt zumindest vor, in dieser Festungszeit Nietzsche, Chamberlain, Ranke, Treitschke, Marx und vieles andere gelesen zu haben. »Landsberg war meine Hochschule – auf Staatskosten. Ich erkannte die Richtigkeit meiner Anschauungen auf lange Sicht aus der Welt- und Naturgeschichte und wurde für mich zufrieden angesichts des ganzen widerspruchsvollen heuchlerischen Wissensgetues der Professoren und Universitätspfaffen überhaupt.«

Entscheidender war aber wohl der Redakteur oder, wenn man will, der Ghostwriter von *Mein Kampf*. Denn die Zettel und Gedankensplitter, aus denen das Opus entstehen sollte, bedurften der Ordnung und Betreuung, was beim Temperament Hitlers wohl nicht einfach sein konnte.

Rudolf Heß

Um diese Zeit drängte sich Rudolf Heß an die Seite Hitlers, wurde sein Sekretär und bemühte sich um das Werk des Meisters. Heß war ein Schüler des Geopolitikers Haushofer, wie viele der halbgebildeten Nationalsozialisten für esoterische Dinge empfänglich, aber nach seinem Bildungsstand doch weit oberhalb der »völkischen« Kuriositäten des Vorkriegsösterreich und damit wohl auch seinem Führer überlegen.

Dieser Rudolf Heß nun wird, daran ist kaum zu zweifeln, das *Alter Ego* des einsitzenden Agitators. Stilistisch hat er sich leider zu devot an das Deutsch seines Meisters angeschmiegt; aber eine Reihe »münchnerischer« und anderer weiterführender Elemente, vor allem ihre halbwegs zusammenhängende Integration in die Bögen der Bierschlachten-Erinnerungen verdankt *Mein Kampf*, so kann man ziemlich sicher folgern, dem eifrigen und ergebenen Sekretär. (Dies dürfte auch Hitlers sonderbare und hartnäckige Anhänglichkeit an Heß erklären, der ja bis zu seinem spektakulären Englandflug 1941 offiziell »Stellvertreter des Führers« blieb.)

Die ergänzte Innenausstattung

Man kann also davon ausgehen, daß Adolf Hitler zur Zeit der Niederschrift von *Mein Kampf* (und damit des entscheidenden Programms seiner Politik und seiner Weltanschauung) dem Krimskrams der Wiener Männerheimära gewichtige Möbel hinzugefügt hatte und hinzufügte, und diese Möbel stammten aus durchaus reputierlichen Häusern; manche Lieferanten trugen akademische Titel, wie etwa den eines Lehrstuhls für Geopolitik. (So war das Prachtstück *Lebensraum* eine Kreation der Firma Haushofer.) Wie nicht anders zu erwarten, waren sie alle dazu da, die längst gehegten und agitatorisch verstreuten An- und Einsichten des Führers zu bestätigen. (Jemand wie Marx, der da absolut nicht hineinpaßte, war von Hitler wohl nicht sehr eindringlich gelesen worden – aber wer von uns kommt schon über die ersten hundert Seiten des *Kapital* hinaus?)

Damit haben wir die Materialien seines Programms im wesentlichen eingesammelt. Wir wissen in etwa, was dem Innenarchitekten Hitler zur Verfügung stand. Nun machen wir uns auf die Suche nach der Idee, die Hitlers eigener Fixpunkt war.

5 DER FIXPUNKT
ODER Die grausame Königin aller Weisheit

Hitlers *Mein Kampf*: eine düstere, eine hoffnungsarme Welt. Sie hat schon viele Leser an den kochenden Pessimismus der nordischen Göttersagen erinnert, aber es gibt einen wichtigen Unterschied: die Edda redet von Schwerttod und Mordgift und Qual und Weltbränden, aber nie von Krankheit und Verseuchung und Dekadenz. Hitlers Bildersprache dagegen ist fast ausschließlich aufs Klinische, man kann sagen aufs Epidemiologische fixiert. Völker sind »durchseucht«; fremde Lehren drangen und dringen wie »Bazillen« in den »gesunden Volkskörper« ein – die Eugenik zumal wird bei ihm aus einer Sprechzimmer- oder einer Operationstherapie zu einem riesigen Feldlazarett, in dem die blutigen Bandagen, die abgesägten Gliedmaßen und die pestbefallenen Todeskandidaten nur so herumliegen. Ist es abwegig anzunehmen, daß immer wieder Impressionen aus der Schlächterwerkstatt des flandrischen Grabenkrieges nach oben drängen?

Das sagt er natürlich nicht, und er hätte es wohl auch gar nicht gewußt, wenn es so gewesen wäre. Ihm geht es allemal um das deutsche Volk, um seine Gesundheit, um seine Gefährdung durch die klinischen Feinde, die teilweise schon seit Jahrhunderten, ja Jahrtausenden am Werke sind, deren Macht, ja Übermacht erst richtig durch den Marxismus aufwucherte, aber schon Jahrhunderte und Jahrtausende vorher durch eine Art Erbsünde, eine zentrale Verirrung der Menschheit, insbesondere ihrer edelsten Rasse, angelegt war.

Entweder oder

Für seine borniertе Unbedingtheit gibt es nur Gesundheit oder Siechtum, und mit den Erregern, welche die Gesundheit bedrohen, gibt es keine Versöhnung, keinerlei Kommunikation außer den Kampf auf Leben oder Tod.

1927 schrieb er: »Der Kampf gegen die großen Tiere ist erledigt, aber unerbittlich geführt wird er gegen die kleinen Lebewesen, die Bakterien und Bazillen. Hier gibt es keine marxistische Verständigung, nur ein Ich oder Du, ein Leben oder Sterben, ein Ausrotten oder Sichdienstbarmachen.«

Noch deutlicher wird er in einer Brandrede von 1928:

> Du hustest, lieber Freund, warum hustest du? Weil du die Lungentuberkulose besitzt. Was tust du dagegen? Du gehst zum Arzt und erwartest, daß der Arzt nun einen blutigen Kampf beginnt gegen die tuberkulosen Bazillen. Das sind auch Lebewesen, die gar nicht wissen, warum sie da sind, genausowenig wie auch du weißt, warum du da bist. Du weißt nicht, was dereinst der Mensch gewesen ist ... und jetzt bist du auf einmal brutal und grausam, du Pazifist. Ausrotten, sagst du auf einmal. Jawohl, der Kampf ist noch immer nicht entschieden. Erst waren es wilde Bestien, heute sind es die Bakterien.

Die furchtbare Simplizität

Nun, nicht nur über die Bakterien wissen wir etwas mehr als zu Hitlers Zeiten. Wir wissen mehr über die Natur, über Prinzipien von Mutualität, Symbiose und Zweckmäßigkeit in der Lebenswelt, nicht zuletzt dank der Arbeit eines edlen russischen Naturforschers und Anarchisten, des Fürsten Pjotr Kropotkin, der in den frühen zwanziger Jahren und noch vor Hitler seine Thesen und Erkenntnisse mitteilte. Die Welt des Adolf Hitler war einfacher – fürchterlich viel einfacher. Gerade diese Simplizität macht die Unfähigkeit Hitlers zum Austausch, zur Gegenseitigkeit, zum Kompromiß sozusagen zum Weltgesetz; mehr noch, sie zwingt ihm den entscheidenden Schritt auf, den er fast unbewußt tut: Menschengeschichte als Naturgeschichte zu behandeln, und zwar als Naturgeschichte im Sinne des grobschlächtigen Vulgär-Darwinismus. So entsteht der große Verbandsplatz, die fressende Sorge um die Widerstandskraft der Edlen, die, weil sie es nicht mit Menschenbrüdern, sondern mit blindwütigen Bakterien zu tun haben, keine Möglichkeit der marxistischen oder überhaupt politischen Verständigung kennen dürfen, sondern nur den blutigen Kampf auf Leben und Tod.

Hochmenschen und Niedermenschen

Diese Edlen sind natürlich die Arier; da ist Hitler der treue Schüler seiner österreichischen Jugendlehrer. Diese völkische Lehre besagt, daß es im Grunde nur eine wirkliche Kulturrasse gegeben hat und gibt, eine kulturschaffende Rasse, und das ist eben die der Nordmänner, der Germanen, und ihrer indoeuropäischen Vettern. Weltweit hatten sie die Kultur zu den minderen Völkern getragen: »Was wir heute an menschlicher Kultur, als Ergebnis von Kunst, Wissenschaft und Technik vor uns sehen, ist nahezu ausschließlich schöpferisches Produkt des Ariers. Gerade diese Tatsache läßt den nicht unbegründeten Rückschluß zu, daß er allein der Begründer höheren Menschentums überhaupt war, mithin den Urtyp dessen darstellt, was wir unter dem Worte ›Mensch‹ verstehen.« (S. 317 – im Folgenden werden alle Zitate aus *Mein Kampf* durch die einfache Seitenzahl ausgewiesen.)

Wie diese Kulturschöpfer etwa nach Ägypten, ins Zweistromland, nach China oder nach Zentralamerika gelangten, wird nicht näher erörtert. Jedenfalls werden die dort Ansässigen erst durch die Befruchtung der Arier »kulturtragend« (319). Dazu war das »Vorhandensein menschlicher Hilfskräfte notwendig« (322): »So war für die Bildung höherer Kulturen das Vorhandensein niederer Menschen eine der wesentlichsten Voraussetzungen … Erst nach der Versklavung unterworfener Rassen begann das gleiche Schicksal auch Tiere zu treffen und nicht umgekehrt.« (323)

»Umgekehrt«? – Hitler meint natürlich »vorher«. Seine Anthropologie ist deutlich: Kulturschöpfer, Lasttier, Bakterium – das sind die Kategorien menschlicher Existenz auf dieser Welt und in ihrer Geschichte.

Die stete Gefahr des Selbstmords

Der historische Pessimismus läßt Hitler nicht los. In seinem unbarmherzigen Licht enthüllt sich die entscheidende Kulturleistung, das Geschenk der »Menschwerdung« an mindere Populationen, als zwangsläufige Einleitung des rassischen Selbstmords: »Die geschichtliche Erfahrung … zeigt in erschreckender Deutlichkeit, daß bei jeder Blutvermengung des Ariers mit niedrigeren Völkern das Ende des Kulturträgers herauskam.« (313)

Die Heilandstat des Ariers ist also letzten Endes ein Opfertod, zumindest das ständige Risiko des Opfertodes. Er wird wahrscheinlicher durch ebendie Kulturhöhe des

Ariers, die den brutalen Willen zur Abgrenzung und Selbsterhaltung schmälert und ihn davon abhält, die entsprechenden Herrschaftsformen anzuwenden. Solch unangebrachtem Edelmut muß widerstanden werden, denn: »Alles weltgeschichtliche Geschehen ist ... nur die Äußerung des Selbsterhaltungstriebes der Rassen im guten und im schlechten Sinne.« (324)

Jenseits des üblichen Faschismus

Hier offenbart sich der grundsätzliche Unterschied zwischen dem Hitlerismus und fast allen anderen, jedenfalls allen anderen erfolgreichen Faschismen. Was Hitler mit Mussolini, mit Franco, mit den faschistischen Ansätzen von Pilsudski, Pétain, Salazar, Antonescu und wie sie alle hießen, verband, ist klar: die grundsätzliche Verachtung der Mehrheitsdemokratie, die Abschaffung unparteiischen Rechts und, daraus folgend, die Entrechtung des politischen Gegners, die Parallelmacht militärischer und paramilitärischer Formationen. Aber all die andern Diktatoren sahen und betrieben diese Art von Politik als Stärkung des Staates, als Herstellung oder Wiederherstellung seiner Erhabenheit und Schreckensmacht. Sie waren alle noch Hegelianer, die im Staat die Fleischwerdung des Weltgeistes sahen. Soweit »Rasse« in ihren Doktrinen, in ihrer Propaganda überhaupt eine Rolle spielte, dann als das Produkt eines langen geschichtlichen Verschmelzungsprozesses, auf den man stolz war.

Beispielhaft dafür ist das Selbstbewußtsein des italienischen Faschismus zu vergegenwärtigen. Zur *razza italiana* gehörten eben Etrusker, Ligurer, Lateiner, Griechen, Langobarden, Normannen, Sarazenen, die alle ihren genetischen Beitrag zum Entstehen der Nation geleistet hatten. (Es ist bekannt, daß Mussolini ursprünglich Rassenverfolgung nicht kannte und wollte und daß er erst unter dem massiven Druck Deutschlands bei der Jagd auf Juden mitmachte. In seiner letzten Lebenszeit in Salò widerrief er dies ausdrücklich als Fehlentscheidung.)

Züchter wissen, daß der italienische *razza*-Begriff der Art viel bekömmlicher ist als der Arierfimmel der Nazis. Jedermann weiß, wie schnell etwa der Deutsche Schäferhund, der treue Schicksalsgenosse der KZ-Wächter, degeneriert, wenn man nicht ab und zu eine andere Rasse einkreuzt; man denke nur an die notwendige Flexibilität der Immunsysteme, die durch allzu große »Reinrassigkeit« gefährlich vermindert wird. Aber so dachte Hitler nicht, schon deshalb nicht, weil seine biologischen Kenntnisse kümmerlich waren. So verwechselt er dauernd »Art« und »Rasse« – eine Verwechslung, die den absurden Begriff der »Rassenschande« überhaupt erst möglich macht: »Im allgemeinen ... soll nie vergessen werden, daß nicht die Erhaltung eines Staates oder gar die einer Regierung höchster Zweck des Daseins der Menschen ist, sondern die Erhaltung der Art.« (104)

Politik als naturgeschichtliches Programm

Die deutsche »Rasse«, soviel war Hitler klar, stand der italienischen Melange an Buntheit nicht nach, aber das fand er ungemein gefährlich. Er hielt es für eine Lebensfrage, ob es gelänge, die Deutschen in einem langfristigen Programm »aufzunorden«. Ein solches Programm sah er als erste Pflicht des Staates an, und damit ordnete er *expressis verbis* die Humangeschichte in die tausendjährigen Atemzüge der Naturgeschichte ein: »Was auf diesem Gebiete heute ...

versäumt wird, hat der völkische Staat nachzuholen. Er hat die Rasse in den Mittelpunkt des allgemeinen Lebens zu setzen. Er hat für ihre Reinerhaltung zu sorgen … Der Staat muß dabei als Wahrer einer tausendjährigen Zukunft auftreten, der gegenüber die Eigensucht des einzelnen als nichts erscheint und sich zu beugen hat.« (446 f.)

Jenseits von Stalin

Diese von ihm hartnäckig betonte Rangordnung, diese Dienerrolle des Staates für die Rasse, unterscheidet ihn nicht nur von seinen faschistischen Kollegen, sondern auch vom stalinistischen System.

Viele Linke von einst sind nach 1989 in Katzenjammer verfallen und haben diesen absolut wesentlichen Unterschied zugunsten einer allgemeinen Mord-und-Brand-Theorie des »Totalitarismus« verwischt. Daß Stalin ein Mehrfaches an Menschen umgebracht und einen noch lückenloseren Überwachungs- und Terrorstaat als Hitler aufgebaut hat, ist unbestreitbar; aber er hat ihn auf dem Fundament einer humanistischen Lüge, einer opportunistischen Verstümmelung der eigenen Theorie und Tradition errichtet, nicht auf dem eines offen proklamierten züchterischen Dogmas. Natürlich kamen dem Bolschewismus immer wieder biologische Kategorien unter; so etwa, wenn Lenin von »Zwischeninsekten« sprach. Aber trotz dieser unterschwelligen Menschenverachtung: Lenin und nach ihm Stalin mußten die Massen, die sie vernichteten, zuerst einmal in irgendeine Art von »Klassenfeind« verwandeln, ehe man ans blutige Werk gehen konnte; Hitler hatte nichts dergleichen nötig, das Zeichen des Todes oder der Sklaverei war seinen Opfern von vornherein genetisch aufgebrannt.

Daß zu diesen Opfern auch alle »Erbkranken« gehörten, verstand sich von selbst. Im konkreten Programm von *Mein Kampf* hatten Eugenik und Euthanasie noch Vorrang vor Judenvertilgung und Aufnordung, wenn man sprachliches Pathos und die Menge der Druckseiten zum Maßstab nimmt. Auch hier dachte er in Zeiträumen der biologischen Evolution: »Eine nur sechshundertjährige Verhinderung der Zeugungsfähigkeit und Zeugungsmöglichkeit seitens körperlich Degenerierter und geistig Erkrankter würde die Menschheit nicht nur von einem unermeßlichen Ungück befreien, sondern zu einer Gesundung beitragen, die heute kaum faßbar erscheint.« (448)

Über diesen Punkt verbreitete er sich des langen und breiten, und er wählte dabei den beschwörenden Ton des moralischen Appells:

> Wer körperlich und geistig nicht gesund und würdig ist, darf sein Leid nicht im Körper seines Kindes verewigen. Der völkische Staat hat hier die ungeheuerste Erziehungsarbeit zu leisten. Sie wird aber dereinst auch als eine größere Tat erscheinen, als es die siegreichsten Kriege unseres heutigen bürgerlichen Zeitalters sind. Er hat durch Erziehung den einzelnen zu belehren, daß es keine Schande, sondern nur ein bedauernswertes Unglück ist, krank und schwächlich zu sein, daß es aber ein Verbrechen und zugleich eine Schande ist, dieses Unglück durch eigenen Egoismus zu entehren, indem man es unschuldigen Wesen wieder aufbürdet; daß es demgegenüber von einem Adel höchster Gesinnung und bewundernswertester Mensch-

lichkeit zeugt, wenn der unschuldig Kranke, unter Verzicht auf ein eigenes Kind, seine Liebe und Zärtlichkeit einem unbekannten, armen jungen Sprossen seines Volkstums schenkt, der in seiner Gesundheit verspricht, dereinst ein kraftvolles Glied einer kraftvollen Gemeinschaft zu werden. Und der Staat ... muß ohne Rücksicht auf Verständnis, Billigung oder Mißbilligung in diesem Sinne handeln. (447 f.)

In diesem Sinn zu handeln, das hieß für Hitler zunächst einmal körperliche Ertüchtigung, aber auch Erziehung zu dem, was er »Idealismus« nannte: die restlose Unterwerfung unter den völkischen Willen. Das geeignete Instrument hierzu schien ihm nach wie vor der Kasernenhof zu sein; nur wer durch diese Schule der Nation gegangen ist, wird vollberechtigter »Staatsbürger«: »Nach Beendigung der Heeresdienstleistung sind [dem Knaben, der zum Mann geworden ist,] zwei Dokumente auszustellen: sein Staatsbürgerdiplom als Rechtsurkunde, die ihm nunmehr öffentliche Betätigung gestattet, und sein Gesundheitsattest, als Bestätigung körperlicher Gesundheit für die Ehe.« (459)

Was die deutsche Frau betrifft, kann sich Adolf Hitler kürzer fassen: »Analog der Erziehung des Knaben kann der völkische Staat auch die Erziehung des Mädchens von den gleichen Gesichtspunkten aus leiten. Auch dort ist das Hauptgewicht vor allem auf die körperliche Ausbildung zu legen, erst dann auf die Förderung der seelischen und zuletzt der geistigen Werte. Das Ziel der weiblichen Erziehung hat unverrückbar die kommende Mutter zu sein.« (459 f.)

Soviel zur Frauenfrage.

Was ist »hochrassig«?

Es liegt auf der Hand, daß für Hitler die entscheidenden Kennzeichen der »Hochrassigkeit« äußerlich-physisch sind. Zwar redet er immer über das »Blut«, über »Blutswerte«, und deutet gelegentlich an, daß es letzten Endes nicht ums Äußere gehe – was angesichts des Erscheinungsbilds fast aller Mitglieder der Naziprominenz durchaus klug war. Aber aus dem Ganzen seiner Vorschläge zur Jugenderziehung, seiner ästhetischen Vorlieben, seiner Abneigung gegen reflektierendes Denken jeder Art ergibt sich eindeutig, daß er es mit den Schädelmessern und Zuchtbuchprüfern hält, wenn es um Bestimmung des Wahren und Edlen geht.

Und fanatisch projiziert er diese Zuchtbuchmaßstäbe auf den gesamten Planeten. Seine internationalen Kenntisse sind minimal, aber seine Urteile sind eindeutig. Vorliebe, ja Verehrung für England und die USA (die er für konsequent rassistisch hält) ergeben sich daraus ebenso wie der Spott über die Unabhängigkeitsbestrebungen der Inder und den damals vieldiskutierten »Heiligen Krieg« der Ägypter, für den er das »Strichfeuer von … Maschinengewehren« und den »Hagel von Brisanzbomben« empfiehlt (174).

Der Eurozentrismus Hitlers ist offensichtlich. Nichts macht klarer, wie restlos er auf die Vorstellungswelten des neunzehnten, des Jahrhunderts vor dem Weltkrieg angewiesen war.

Das gilt natürlich auch für seine Einstellung gegenüber den Schwarzafrikanern. Richtig wütend wird er, wenn das gute alte und wissenschaftlich erhärtete Dogma von der Minderwertigkeit der Schwarzen in Frage gestellt wird:

Von Zeit zu Zeit wird dem deutschen Spießer vor Augen geführt, daß da und dort zum erstenmal ein Neger Advokat, Lehrer, gar Pastor, ja Heldentenor oder dergleichen geworden ist … Es dämmert dieser verkommenen bürgerlichen Welt nicht auf, daß es sich hier wahrhaftig um eine Sünde an jeder Vernunft handelt; daß es ein verbrecherischer Wahnwitz ist, einen geborenen Halbaffen so lange zu dressieren, bis man glaubt, aus ihm einen Advokaten gemacht zu haben … denn um eine Dressur handelt es sich dabei, genau wie bei der des Pudels, und nicht um eine wissenschaftliche ›Ausbildung‹. (478f.)

(Das, wenn schon nichts sonst, verbindet ihn mit Voltaire.)

Aber wer sind nun die Verbrecher, die solchen philanthropischen Unsinn wie die mögliche Gleichrangigkeit Schwarzer mit großer Überredungskunst inszenieren? Wer kann so brennend daran interessiert sein, die schwachsinnige Lehre zu verbreiten? Sind diese Irrlehren von selber entstanden, oder liegt ihrer Verbreitung ein teuflischer, aber äußerst gerissener Plan zugrunde, den die Völker, und insbesondere die naiven Deutschen, vor Hilter nicht durchschaut haben?

Der tödliche Bazillus

Hier kommt Hitlers dritte anthropologische Klasse ins Spiel: das Bakterium, der tödliche Seuchenerreger und Spaltpilz: der Jude.

Wie bei allen seinen fanatischen Thesen behauptet Hitler, seine Einsicht in diese absolute und abgrundtiefe Gefahr erst nach Jahren menschlich-gefühliger Harmlosigkeit durch scharfes Nachdenken und gründliche Erfahrungen gewonnen zu haben. Die Behauptung ist höchstwahrscheinlich falsch, aber für uns ist es nicht notwendig, nach Beweisen zu fahnden. Der Jude, den Hitler darstellt und verkündet, hat jedenfalls mit persönlicher Erfahrung nichts zu tun, ist eine außerweltliche Erscheinung: körperlich ein Ausbund an Scheußlichkeit, ist er den Halbaffen der gewöhnlichen Minderrassen geistig weit überlegen. Er plant langfristig, geht mit äußerster Raffinesse vor, ständig wach und bereit, das Hochwertige zu zerstören. Kurz, Hitlers Jude ist so etwas oder so jemand wie der Alien der minderen Science-fiction-Filme, einschließlich der pornographischen Perversionsvarianten des Genres:

> Der schwarzhaarige Judenjunge lauert stundenlang, satanische Freude in seinem Gesicht, auf das ahnungslose Mädchen, das er mit seinem Blute schändet und damit seinem, des Mädchens Volke raubt ... Denn ein rassereines Volk, das sich seines Blutes bewußt ist, wird vom Juden nie unterjocht werden können ... So versucht er planmäßig das Rassenniveau durch eine dauernde Vergiftung der einzelnen zu senken. (357)

Dahinter steckt natürlich mehr als nur die Begierde, blonde Gretchen aufs Kreuz zu legen. Dahinter steckt ein großer Plan und eine große Versuchung. Wie die Schlange im Paradies (der Jude ist wie sie eine Inkarnation des Teufels) verspricht er etwas: etwas, das glorreich und edel zu sein scheint und gerade deshalb vermessen ist, in den Abgrund führt. Ganz nebenbei, in einer Adverbialklausel, blitzt der Zusammenhang auf – und zwar dort, wo Hitler wieder einmal von den ehernen Gesetzen der Natur spricht: »Da wird judenhaft frech behauptet: ›Der Mensch überwindet eben die Natur!‹« (144)

Die Überwindung der Natur, das wäre eben die Voraussetzung für die Verwirklichung der großen Irrlehre der Gleichheit, das heißt der gleichen Würde aller Menschen, auch der Benachteiligten und Schwachen. Diese Gleichheit ist ihrerseits Voraussetzung für den endgültigen Sieg des Judentums. Und in dem Maße, in dem der Nichtjude, insbesondere der arisch-germanische Edelmensch, auf diese humanistische Parole hereinfällt, wachsen die Siegeschancen des großen jüdischen Plans.

Daraufhin ist dieser Plan langfristig angelegt. Und natürlich glaubt der Jude selbst keinen Augenblick an ihn, dazu ist er viel zu intelligent. Erst diese diabolische Täuschung enthüllt die ganze Gefahr des jüdischen Bazillus.

Hitlers mystische Königin

Letzte Instanz und Fixpunkt für Hitler ist die Natur, beziehungsweise das, was er unter ihr versteht. Wenn irgendwo in *Mein Kampf* so etwas wie Andacht oder Ehrfurcht, ja fast hündische Hingabe herauszuhören ist, dann in den Passagen, in denen er diese Göttin anruft – die »grausame Königin aller Weisheit« (144). Sicher hat er den tönenden Würdetitel in irgendeiner populären Broschüre aufgegabelt (hier wäre von Doktoranden noch fruchtbares Feld zu beackern). Aber unüberhörbar ist die finstere Konsequenz seiner Überzeugung, unüberhörbar seine Faszination durch die gefühllose Grausamkeit dieser Königin. Es ist die Gefühllosigkeit der Schlange, ja des Insekts, unfähig oder vielmehr unerreichbar für jede herkömmliche Kommunikation. Zu dieser Grausamkeit bekennt er sich, sie umarmt er mystisch, macht sie zu seiner Weisheit, sieht sich als ihren gehorsamen Vollstrecker.

Aber wie regiert diese grausame Königin, das galaktische Rieseninsekt mit Greifklauen und Facettenaugen? Nach welchen Prinzipien geht sie vor? Ist das überhaupt herauszufinden – »abgesehen davon, daß der Mensch die Natur noch in keiner Sache überwunden hat, sondern höchstens das eine oder andere Zipfelchen ihres ungeheuren, riesenhaften Schleiers von ewigen Rätseln und Geheimnissen erwischte und emporzuheben versuchte« (146)?

Eines weiß Hitler: die Göttin handelt nach dem »aristokratischen Prinzip« (das kommt abschnittsweise immer wieder). Sie selegiert das Beste, das gleichbedeutend mit dem Stärksten ist. Und dieses Beste ist logisch eine Minderheit, jedenfalls nie die große Masse der Gleichen. Dieses aristokratische Prinzip ist der Motor der Evolution, die Bedingung ihres Erfolgs. An diesem Prinzip und mit dieser Methode wird Erfolg und Mißerfolg der Arten und Rassen gemessen. Punktgenau in der Gegnerschaft zu diesem Prinzip enthüllt sich die letzte finstere Großartigkeit des jüdischen Weltplans.

Die Schar der Feinde

Dieser Plan bestand und besteht in nichts anderem als in der Durchsetzung von Heilslehren und Methoden, die seit Jahrtausenden dem aristokratischen Prinzip der grausamen Weisheit widersprechen. Dies ist die logische Voraussetzung für die Feindbilder Hitlers, für seinen auf den ersten Blick wahnwitzigen Vielfrontenkrieg gegen Humanismus, Liberalismus, Marxismus und (wenn dies auch nicht gleich ausdrücklich gesagt wird) konsequentes Christentum. Sie alle waren und sind historische Inkarnationen der gleichen antinatürlichen Besserwisserei, der »judenhaft frechen« (144) Erhebung gegen die Gesetze der Königin.

Auf tausend Wegen dringt der jüdische Bazillus, die »Pestilenz«, das »Gift in den Volkskörper ein« (13), das hat Hitler (so sagt er) schon in Wien begriffen. Und ebendeshalb muß an tausend Fronten dagegen gekämpft werden. Empfängnisverhütung, unterhaltendes Theater, Kino, Parlamentarismus, Mehrheitsabstimmungen, Kompromisse; all dies ist dem Geist der Natur, ihrer Unerbittlichkeit, ihrer aristokratischen Selektion zutiefst zuwider. Das beginnt schon bei der parlamentarischen Demokratie: »Die Demokratie des heutigen Westens ist der Vorläufer des Marxismus, der ohne sie gar nicht denkbar wäre. Sie gibt erst dieser Weltpest den Nährboden.« (85)

Das letzte Gefecht

Damit ist Hitlers paranoide Untersuchung zur wahrscheinlich letzten, entscheidenden Permutation des Judengeistes, dem Marxismus, vorgedrungen. Mit ihm hat dieser Geist seine vorläufig schärfste Waffe gegen die Weisheit der Natur geschmiedet, und gegen ihn muß die letzte große Schlacht geschlagen werden:

Die jüdische Lehre des Marxismus lehnt das aristokratische Prinzip der Natur ab und setzt an die Stelle des ewigen Vorrechtes der Kraft und Stärke die Masse der Zahl und ihr totes Gewicht. Sie ... entzieht der Menschheit damit die Voraussetzung ihres Bestehens und ihrer Kultur. Sie würde als Grundlage des Universums zum Ende jeder gedanklich für Menschen faß-

lichen Ordnung führen … Siegt der Jude mithilfe seines marxistischen Glaubensbekenntnisses über die
Völker dieser Welt, dann wird seine Krone der Toten-
kranz der Menschheit sein, dann wird dieser Planet
wieder wie einst vor Jahrmillionen menschenleer
durch den Äther ziehen. – Die ewige Natur rächt unerbittlich die Übertretung ihrer Gebote. So glaube ich
heute im Sinne des allmächtigen Schöpfers zu handeln: Indem ich mich des Juden erwehre, kämpfe ich
für das Werk des Herrn. (69)

Die Königin und der Herr

Da ist er wieder, der Topos von der leblosen Erde. Gobineau
hat ihn 1822 gebraucht, Ludwig Klages drei Generationen
später, und nun verwendet ihn der kalte Agitator, der endlich
die Natur von der Belästigung durch ihren ewigen Feind befreien wird. Die Königin der Weisheit, so scheint es, ist als
wahre Göttin nicht an Parteinahme interessiert; sie rächt unerbittlich, aber sie tut nicht das Werk des Herrn, eines Herrn,
von dem in Hitlers Theologie sonst kaum die Rede ist. Dieser
Herr (manchmal von der noch vageren »Vorsehung« ersetzt)
ist offenbar eine untergeordnete Instanz, dem Menschen und
schwächlichen menschlichen Gefühlen zugeneigter, als es für
seine Macht und die Zukunft des Menschen gut ist. Und so
bedarf er des weltlichen Arms, wie das in katholischen Zeiten
hieß; des wehrhaften Propheten und Gesandten, der Ihn gelegentlich daran erinnert, daß es lebensgefährlich werden
kann, dem Satan zuviel Raum zu geben; des Propheten und
Gesandten, der »sein Werk« tut, indem er sich »des Juden er-
wehrt«. (Was mit dem Verbum gemeint war, offenbarte sich
erst auf der Rampe von Auschwitz-Birkenau.)

Nachhaltigkeit

Hitler sieht also seine Mission, seine weltgeschichtliche Aufgabe, letzten Endes in der Bewahrung der Nachhaltigkeit.

Er gebraucht das Wort nicht, und es ist unwahrscheinlich, daß er es überhaupt kannte. Aber es war bereits vorhanden, es kam aus der Forstwirtschaft. Die Bedeutung ist einfach, ja banal: für jeden gefällten Baum muß einer nachgepflanzt, für jede Beeinträchtigung des Lebens muß ein lebendiger und vor allem genügender Ausgleich geschaffen werden.

Aber da der Tod auch nur eine Verkehrsform des Lebens ist, muß er in jedem lebendigen System seinen legitimen Platz finden. Und wer diesen Platz oder diese Plätze des Todes zu verteilen hat, auf Jahrhunderte zu verteilen hat, um die endgültige Leblosigkeit des Planeten abzuwehren: damit befaßt sich letzten Endes das Hitler-Programm für die Herrenrasse.

Zusammenfassung

Hitlers Programm ist auf gewaltige Zeiträume angelegt und behandelt Humangeschichte grundsätzlich als Naturgeschichte. Oberstes Ziel ist es, die Größe und Macht der arischen Herrenrasse in einer darwinistisch funktionierenden Welt zu sichern. Der Staat hat dabei die Rolle des Dienenden, der die notwendigen politischen Bedingungen herstellt. *Hierin liegt ein grundsätzlicher Unterschied zu fast allen anderen Faschismen.*

Die Rolle der Herrenrasse in der Geschichte war es seit eh und je, Hochkultur zu schaffen, und die vermittelte sie auch an andere Rassen, welche dadurch zu Kulturträgern wurden. Dies rief und ruft immer wieder die Gefahr der rassischen Verseuchung beziehungsweise der Degeneration herauf.

Daraus folgt die Ursünde der Rassengeschichte: der arische Edelmensch läßt sich gerade durch seinen Edelmut verführen, den ewigen Gesetzen der Natur, ihrem aristokratischen Prinzip der Selektion der Besten, das heißt der Stärksten, zuwiderzuhandeln.

Diese Verführung wird seit Jahrtausenden durch einen satanischen Bazillus, eine Gegenrasse betrieben: den Juden. Seine Veranlagung ist parasitär, er mästet sich aus der Substanz der von ihm verführten und unterworfenen Rassen. Diese verdirbt er einerseits durch Rassenschande, andererseits durch Programme des Schutzes der Schwachen, des Pazifismus, des Humanismus, der Gleichmacherei; kurz, durch ein Programm, das es besser wissen will als die grausame Königin der Weisheit.

Unschwer ist zu erkennen, daß Hitler mit diesem jüdisch-satanischen Programm nichts anderes meint als die Gesamtheit der humanen Menschheitstradition, wie sie sich seit den griechischen Philosophen und den jüdischen Propheten entwickelt hat und auf Wegen des Christentums und des Humanismus die europäische Zukunft formte, zumindest mitformte. Hitler ist der erste Politiker der modernen Staatenwelt, der diese Tradition offen als Irrweg denunziert, zum Todfeind erklärt und ihr den Kampf ansagt.

Da die Stimmung wie die Munition für eine solche Kampfansage (Demokratieverachtung, Sozialdarwinismus, Rassismus, Eugenik, Lebensraumtheorien) seit dem neunzehnten Jahrhundert zuhauf vorhanden waren, erkannte zunächst niemand, daß mit dem Programm von *Mein Kampf* die Urwerte der Zivilisation (auch der säkularisierten post-christlichen) offen als satanisches Komplott verteufelt wurden; zwar unter Zuhilfenahme vage religiös klingender Vokabeln, die aber auch für durchschnittlich erzogene und geformte Christenmenschen leicht genug durchschaubar sind – wenn der Wille dazu vorhanden ist.

Warum weigerten sich dann so viele Zeitgenossen – gleichgültige, naive, aber manchmal auch recht intelligente –, diese offene Proklamation der heidnischen Barbarei als solche zu erkennen?

Dies läßt sich am besten im Verhältnis von Hitler zum Christentum und von der real existierenden deutschen Christenheit zu Hitler aufzeigen.

EXKURS II
Hitler und das real existierende Christentum

»Ich habe von Anfang an diese Pseudo-Obrigkeiten abgelehnt. Sie sind Afterregierungen, die man vom Gesichtspunkte des deutschen Rechtsempfindens, vom Standpunkt der christlichen Kultur aus nur bekämpfen kann.«

Dies ist die Aussage eines Zeugen im bayerischen Prozeß von 1924, in dem der Novemberputsch von Hitler, Ludendorff und Konsorten weißgewaschen wurde.

Der Zeuge hieß Ernst Pöhner und war Polizeipräsident in München. Er war die verläßlichste Stütze der rechtsradikalen Fememörder im ganzen deutschen Reich, sein Präsidium in der Münchener Löwengrube, vom Volksmund »Mörderzentrale« genannt, war der Mittelpunkt des protofaschistischen Netzes.

Es ist nicht bekannt, ob Pöhner den Kardinal Faulhaber, der wenige Straßen entfernt residierte, persönlich kannte. Fest steht, daß der Kardinal seine Ansichten über die Gottferne der Weimarer Republik teilte. Noch 1925, auf dem Katholikentag in München, sprach er über sie als ein Gebilde des Verrats und des Treubruchs; und es war der rheinische Katholik Adenauer, der ihn geschickt, aber keineswegs diplomatisch zurechtwies.

Waren sie also geistesverwandt – der Schreibtischmörder und der Kirchenfürst?

Es gibt genug Linke, die so argumentieren. Aber die Dinge lagen und liegen komplizierter. Was der Rechtsradikalismus und das christliche Milieu gemeinsam hatten, war eine große Schnittmenge von Ängsten und Kränkungen. Viele von ihnen stammten noch aus dem letzten Jahrhundert (eigentlich schon von 1789); aber viele neue waren hinzugekommen: zur Sozialdemokratie und den Linksliberalen und der Gottlosenbewegung des wilhelminischen Kaiserreiches nun die neuen Wirtschaftsmächte und die moderne Kunst, die offensichtlich komplett »entartet« war, und die flotte Modernisierung mit Tango und Kniefreiheit und, ganz allgemein, die Gesellschaftsfähigkeit der Ironie, des Zweifels, der Libertinage.

Und natürlich der Bolschewismus. Zuerst taucht er 1917 auf, als ferne Botschaft aus dem Osten, dann 1919, nach dem Sturz der Throne und der Generäle, als nahe und sinnliche Bedrohung durch ganz anders Gekränkte, durch die Spartakus-Soldaten mit den umgedrehten Gewehren und die grauen, unterernährten Granatenweiber, durch Agitatoren mit ganz anderen Stimmen und dem Vokabular des Umsturzes. Und da war vor allem eines bedroht: das Eigentum. Das rechtfertigte alles: die tote Rosa Luxemburg im

Landwehrkanal und die vielhundert Toten in den Gärtner-
baracken des Münchener Ostfriedhofs, die der weiße Terror hineinwarf, und sogar die einundzwanzig katholischen
Gesellen, die ihnen ohne Umstände hinterhergeworfen
wurden von den jungen Heiden der Brigade Erhardt mit
dem Hakenkreuz am Stahlhelm.

Wie tief dieser rote Schrecken saß und wie wenig der
weiße reflektiert wurde, erhellt schrecklich klar aus der
Leichenrede für die Einundzwanzig, die der Jesuitenpater
Rupert Mayer hielt. Später, nach 1933, sollte er eine der
markantesten Figuren der Standhaftigkeit gegen das NS-
Regime werden; 1919 redete er vom Ende des Schreckens
und von Versöhnung, ja, er streckte die Hand der Verge-
bung den wirklichen Tätern, den wirklichen Verursachern
dieser Tode hin: den roten Aufrührern!

Und auch in den Jahren, die folgten, war das erste Ziel der
Arbeiter- und Armenseelsorge, soweit es sie gab, eben die
Errettung von möglichst vielen Seelen aus den Klauen des
Klassenhasses, dem Entschluß zur proletarischen Vergel-
tung, also aus dem Wirkkreis des Kommunismus, was wie-
derum identisch war mit der Errettung aus der Gottlosig-
keit. Die Idee von möglicherweise sündhaften Strukturen
der Gesellschaft war noch weit weg – mindestens fünfzig
Jahre und etliche tausend Kilometer südwestlich über den
Atlantik waren es bis zur Theologie der Befreiung.

Dies war die Ausgangslage für den dreißigjährigen Agitator Hitler, und sein politischer Instinkt begriff sie sehr gut,
teilte mit den Reaktionären die Pein der Erinnerung an den
alten Glanz und die Wut auf die Republik. Es wird berichtet, daß er in der Vorbereitungszeit für den Putsch von 1923
den Kronprinzen der gestürzten Wittelsbacher-Dynastie eif-
rig und devot mit »Majestät« anredete. Für die Reaktionäre

war er ohnehin nur der subalterne Trommler, der Deklassierte, der ihnen die Deklassierten zutreiben sollte. Aber er brachte aus dem Vorkriegsösterreich Erfahrungen mit, die im Weimardeutschland erst noch gemacht werden mußten.

Damals in Wien verehrte er zwei Führerfiguren, über die er sich in *Mein Kampf* des langen und breiten ausläßt: den Chef und Ideologen der Alldeutschen, einen Ritter von Schönerer, und den machtvollen Lueger, den demagogischen Bürgermeister von Wien. Schönerer war Bismarck-Verehrer, Germanenschwärmer und ein Antisemit trübsten Wassers, der es nie zu einer wirklichen Massenbasis brachte; Lueger war der Gründer und Former der Christlich-Sozialen, einer erfolgreichen Volkspartei. Schönerer geriet, vielmehr bugsierte sich selbst in immer abseitigere Gewässer und gründete schließlich eine »Los-von-Rom-Bewegung«, der ebensowenig Erfolg beschieden war wie seinen germanischen Hauskalendern. Lueger dagegen schritt von Sieg zu Sieg. Hitler empfand die Lehre Schönerers als viel konsequenter und reiner, nennt aber seinen Übergriff auf religiöses Territorium taktisch unverzeihlich. Seitenweise verbreitet er sich über diesen Irrtum, legt allen reformatorischen Schwärmern nahe, den Nationalsozialismus nicht mit einer neuen Religion zu verwechseln, sondern sich gefälligst in die Kirchen selbst hineinzubegeben und dort ihre Ideen von innen durchzusetzen.

Ganz anders Lueger. Er war den meist adeligen Prälaten des Habsburger Establishments natürlich ein sehr schmerzlicher Dorn im Auge; aber sein volkstümlicher, mit reichlich Antisemitismus und Tschechenfeindlichkeit durchwachsener Katholizismus kam an: »Sein unendlich klug ausgestaltetes Verhältnis zur katholischen Kirche ... gewann ihm in kurzer Zeit die jüngere Geistlichkeit in einem Umfange, daß die alte klerikale Partei entweder das Kampffeld zu räumen gezwungen war oder, noch klüger, sich der neuen Partei anschloß, um so langsam Position um Position wieder zu gewinnen«. (109)

Im Kampf gegen Tschechen und Juden war Lueger ebenso brutal wie pragmatisch; vermutlich hat er den Satz geprägt: »Wer Jude ist, bestimme ich!« Und er bestimmte auch, was für ihn Kirche beziehungsweise Christentum war: ein durchaus verwendbares, an historischen Herrschaftserfahrungen überreiches und nachahmenswertes Organ der inneren Kontrolle, das man sich keinesfalls zum Feind machen durfte.

Es war dies die Sicht fast aller frühen Faschismen – von der »Action Française« bis hinüber nach Rumänien zur »Legion des Heiligen Michael« von Codreanu.

Jedenfalls hat sich Hitler in den frühen Münchener Jahren endgültig der »völkischen« Kostümierungen seiner Weltsicht und damit eines möglichen doktrinären Argwohns der Kirchen entledigt. In *Mein Kampf* macht er sich seitenlang lustig über diesen völkisch-germanischen Maskenball, über Kuhhörner an Papphelmen und zottige Fellwesten, über das ganze Cheruskerwesen, das in seiner österreichischen Jugendzeit die fundamentalistische Sektion des alldeutschen Betriebs beherrschte und den völkischen Antiklerikalismus illustrierte.

Nun hielten sich die Nationalsozialisten durchaus nordisch-heidnische Ideologen, allen voran Alfred Rosenberg, der skandinavisches Gewölke zu einem »Mythus des XX. Jahrhunderts« formte und Christen- wie Judentum ins orientalische Dunkel verwies. Man baute Thingstätten und bastelte an stabreimenden Liturgien, man beschäftigte damit auch die Dienststunden der Hitler-Jugend. Himmler holte weiter aus als Rosenberg und überholte ihn, als sich die SS ins Machtzentrum schob; er entfernte das Kreuz aus dem romanischen Münster zu Quedlinburg und verwandelte es in die Weihehalle einer Ordensburg. Er schuf und finanzierte ein »SS-Werk Ahnenerbe«, das sich rüstig an die Geschichts- und Vorgeschichtsklitterung machte.

Die effektiven Nazis hatten nicht viel übrig für solchen Mummenschanz. Goebbels etwa machte sich fast öffentlich über muffige Germanenästhetik lustig, und als Schirmherr des deutschen Films betrieb er (bis auf ein paar offizielle Heldenschinken) eine knallharte, auf den kleinen Mann abgestellte Unterhaltungspolitik.

Hitler war im Grunde der gleichen Meinung. Aus den Tischgesprächen wissen wir, daß er der germanenzentrierten Weltanschauung Himmlers und dem amateurhaften archäologischen Gewühle, das daraus erwuchs, höchst skeptisch gegenüberstand. Er fragte sich und die Tischgenossen, was schon mit der Freilegung irgendeiner germanischen Feuerstelle bewiesen sei – sie zeige allerhöchstens die Überlegenheit der Griechen auf, welche um die gleiche Zeit schon wunderschöne Tempel bauten.

Hier war er aufrichtig. Er liebte nicht nur die pompöse Wiener Ring-Architektur, er liebte die antike Kunst, wie er sie verstand, kaufte wie die Reichen und Potentaten des neunzehnten Jahrhunderts hellenische Meisterwerke und tobte gegen die künstlerische Moderne. Aber was verehrte er vor allem an und in Hellas? Sparta und seine brutale Unterdrückungs- und Selektionspraxis, in der er die Weisheit seiner grausamen Königin wiedererkannte

Damit fiel er weiter nicht auf, auch unter Christen nicht. Sie lebten arglos und unreflektiert in einem europäisch-abendländischen Erinnerungsmuseum, in dem den heroischen Spartanern mit ihrem systematischen Heloten- und Behindertenmord natürlich eine eigene Vitrine zustand – gleich neben den demokratischen Athenern, der römischen Republik und den römischen Cäsaren, dem mittelalterlichen deutschen Expansionismus nach Osten und den (natürlich positiv bewerteten) Kreuzzügen, an die sich zwanglos deutsche Heldensage anschloß. Und die ging von Friedrich Barbarossa über Friedrich den Großen und die Befreiungskriege bis zu jenem makabren Ereignis von 1914 bei Langemarck, wo studentische Freiwillige beim Sturmangriff das Deutschlandlied sangen, um nicht von den eigenen Maschinengewehren beschossen zu werden – nie hinterfragtes Tableau weimardeutscher Pädagogik.

In einem solchen Bewußtseinsfeld war eine strenge Unterscheidung der Geister kaum möglich, man hätte kaum sagen können, wo sie geboten war. Während der relativ robusten Jahre der Weimarer Republik warnten die Kirchen (vor allem die katholische) offiziell vor Anhänglichkeit an die Hitlerbewegung, aber die Schnittmenge der gemeinsamen Kränkungen und Ängste blieb groß genug. Und Hitler betrieb schon damals jene Parallelaktionen, die das Leben im Dritten Reich so fundamental rechtlos machen sollten. Rabiat zogen seine Schläger von SA und SS gegen die Pfaffen und vor allem ihre treu gebliebenen Laien los, während er sich selbst nach außen an seinen Slogan vom »positiven Christentum« hielt und sich mit gesammeltem Antlitz beim Verlassen einer Kirche photographieren ließ.

Die letzte Entscheidung trafen schließlich die Kirchen selbst. Nach der Machtübernahme 1933 ließ der amtliche Arm des Katholizismus die Zentrumspartei, seine bewährte politische Agentur seit Bismarcks Tagen, fallen – um den Preis des lang ersehnten Reichskonkordats. Dieses Konkordat erinnerte noch einmal an die Welt des neunzehnten Jahrhunderts, eine Welt vor den entschiedenen und schmerzhaften Laisierungen der Gesellschaft in Frankreich, Italien, den USA. Staatliche Gehälter und Subventionen für kirchliches Leben, letzten Endes begründet mit dem Verlust der Bodenrente in den Tagen Napoleons. Und die juristischen Verpflichtungen aus diesem Konkordat, etwa die Gehaltszahlungen an katholische Hochschulprofessoren, sollte Hitlerdeutschland bis zum April 1945 korrekt einhalten.

Den Protestantismus beurteilte und behandelte Hitler grundsätzlich anders. Bis tief in die Gemeinden hinein war dieser schon von »Deutschen Christen« verseucht, und so schien es unbedenklich, organisatorisch nachzuziehen und einen »Reichsbischof« von Führers Gnaden, einen gewissen Herrn Müller, zum Zwecke der Gleichschaltung einzusetzen.

Das Kalkül ging nicht ganz auf, es entstand die sogenannte Bekennende Kirche, die sich diesem Joch nicht unterwarf. Zudem amtierten in Württemberg und Bayern die Landesbischöfe Wurm und Meiser weiter, die zwischen Staatsbejahung und Bewahrung der Selbständigkeit zu lavieren verstanden.

So oder so: das Jahr 1933 sah eine kurze, trügerische Epoche, in der es möglich schien, zwischen dem seriös posierenden Führerstaat und der Welt der Amtskirchen so etwas wie ein Bündnis der staatstragenden Kräfte zu bilden, das offensiv gegen die alten Ängste und Gefahren vorgehen würde – bewaffnet einerseits mit den Machtmitteln der Diktatur, inspiriert andererseits von den Traditionen der abendländischen Christenheit, wie der alte Konservativismus sie verstand.

Wiederum ist es ein Photo, welches diese Illusion am besten wiedergibt (und deshalb von den Nazis weidlich ausgeschlachtet wurde): das Bild eines Reichskanzlers, der ehrfurchtsvoll dem päpstlichen Nuntius Vasallo di Torregrossa die Hand reicht. Der stämmige Würdenträger in vatikanischer Pracht blickt herzlich-aufrichtig zu ihm auf und spricht: »Ich habe Sie lange nicht verstanden. Ich habe mich aber lange darum bemüht. Jetzt verstehe ich Sie.«

Die Ereignisse der nächsten Jahre sprachen nicht eben für den Scharfsinn des päpstlichen Diplomaten. Es waren die Jahre, in denen es dem Regime mehr oder weniger gelang, die Kirchen in ein Reservat der Ohnmacht und gesellschaftlichen Irrelevanz zu drängen, wobei vor allem der Druck auf die ziemlich ratlosen Laien stetig wuchs. Resultat dieser Entwicklung war die Enzyklika *Mit brennender Sorge*, die trotz massiver amtlicher und parteilicher Blockaden schließlich von den Kanzeln verlesen wurde. Es sah so aus, als ob man endlich in die Nähe der Wahrheit gelangen konnte (oder mußte), der Wahrheit nämlich, daß die heidnische Substanz des Regimes von nun an jede Form der Kooperation ausschlösse.

Da trat ein Ereignis ein, das die geistigen und geistlichen Fronten wieder in unheilvolle Verwirrung brachte: der Putsch der spanischen Generäle von 1936.

Der Reflex war blitzartig. Fast vollständig identifizierte sich die katholische und bis zu einem gewissen Grade auch die bürgerlich-protestantische Welt mit der Sache des Ewigen Christlichen Spanien, des kämpfenden Antibolschewismus, und das hieß mit der Sache Francos.

Der Reflex war weltweit, aber er wurde für Deutschland und Österreich besonders bedeutsam. Die Ängste und Kränkungen von 1917 bis 1919, deutlich wiedererkennbar auf beiden Seiten der Bürgerkriegsfront, warfen das kirchliche Bewußtsein auf die uralten Muster zurück, auf Herrschafts- und Gefühlsmuster, die es fast unmöglich machten, zu differenzieren und die objektive Wahrheit zu erkennen: zumindest 1936 ging es einfach um die Sache der mühsam errungenen demokratischen Freiheit in Spanien, bis auf beiden Seiten die Massaker und die Säuberungen einsetzten.

Ich war damals vierzehn, in einem Knabenalter also, in dem es unmöglich ist, sich den Fanfarenstößen des fraglosen Heroismus zu entziehen. Ich hatte immerhin das Glück, daß mein Vater über die Verhältnisse in Spanien etwas besser informiert war als die zensur- und propagandabetäubte deutsche Öffentlichkeit. Doch was von kirchlicher Presse noch übrig war, schwenkte geschlossen auf eine neue Argumentationslinie gegen die Repressionen der Herrscher ein: In Spanien, so lief sie, gehe es doch gegen den großen gemeinsamen Feind; da zeige sich doch, zu welchen antibolschewistischen Großtaten kerniger, glaubenstreuer Katholizismus imstande sei. (Entsprechende Heldenmythen, etwa über die Verteidiger des Alcázar von Toledo oder einen kühnen deutschen Jagdflieger aus frommer gräflicher Familie wurden schleunigst in Umlauf gesetzt. Über maurische Halsabschneider oder den wahnsinnigen General der Fremdenlegion, der den Schlachtruf *Viva la Muerte!* ausgab, erfuhr man in den gelenkten Medien natürlich nichts.) Unter solcher Perspektive, so klagte man, seien die ständigen Übergriffe der Nazis gegen die christlichen Kirchen völlig unverständlich.

Der Spanienkrieg dauerte von 1936 bis 1939 und ging ziemlich nahtlos in den Zweiten Weltkrieg über. Seine Wirkung auf die Geister und Gefühle, die Irrwege, die er das real existierende Christentum, insbesondere den Katholizismus, wies, waren ein kaum zu überbietendes Unheil. Diese Wirkung machte es zum Beispiel möglich, die Militärseelsorge, noch völlig nach staatskirchlichem Muster organisiert, mit ihrer Aura fast behäbiger Fraglosigkeit beizubehalten. Worum es beim Reichskonkordat gegangen war, das war die möglichst sichere sakramentale Versorgung der Herde, unter welchen ethischen und spirituellen Umständen auch immer.

Ein ehemaliger polnischer Offizier berichtet in seinen Erinnerungen, daß er in den ersten Tagen nach der Eroberung seines Landes ein Schloß aufsuchte, in dem eine bayerische Gebirgsjägereinheit untergebracht war. Die biederen Landser wohnten gerade einer Messe bei, die ein Militärgeistlicher zelebrierte. Im Keller aber waren Juden und andere unerwünschte Elemente zusammengepfercht, deren Klagen durch den Parkettboden zu hören war. Den Zelebranten wie die Soldaten störte das nicht – dafür war eine andere Dienststelle zuständig.

6 DIE VIER WEGE

ODER Die barbarische Quadratur des Kreises

Wir nähern uns dem Kern der Frage, was die Hitlerformel für die Zukunft der Welt bedeuten kann. Die irre Konsequenz seiner Metaphysik, seine fraglose Verehrung der grausamen Königin Natur, so, wie er sie verstand, erhellt am klarsten, wenn man ihre methodische Anwendung in *Mein Kampf* ins Auge faßt: seine Anwendung auf das mögliche Schicksal und die geeignete Außenpolitik Deutschlands.

Es reicht nicht mehr für alle

Hitlers Analyse beginnt mit den üblichen grauschwarzen Tönen:

> Bei klarer Betrachtung der Voraussetzungen für die außenpolitische Betätigung der deutschen Staatskunst mußte man zu folgender Überzeugung gelangen:
> Deutschland hat eine jährliche Bevölkerungszunahme von nahezu neunhunderttausend Seelen. Die Schwierigkeit der Ernährung dieser Armee von neuen Staatsbürgern muß von Jahr zu Jahr größer werden und einmal mit einer Katastrophe enden, falls eben nicht Mittel und Wege gefunden werden, noch rechtzeitig der Gefahr dieser Hungerverelendung vorzubeugen. (143/4)

Wir sind wieder auf dem großen historischen Verbandsplatz, in der Welt der steten Gefährdungen und Untergänge.

Wie ist das Schlimmste zu vermeiden? Und sofort wird Hitler konkret: »Es gibt vier Wege, um einer solchen entsetzlichen Zukunftsentwicklung zu entgehen.« (144)

Auf diese vier Wege nun verwendet Hitler viele Seiten und eine bei ihm ganz ungewöhnliche, ja umständliche Sorgfalt. Listen wir sie zunächst in seinen eigenen Worten auf:

> 1. Man konnte, nach französischem Vorbilde, die Zunahme der Geburten künstlich einschränken und damit einer Übervölkerung begegnen. (144)
> 2. Ein zweiter Weg wäre der, den wir auch heute wieder oft und oft vorgeschlagen und angepriesen hören: die innere Kolonisation. (145 f.)
> 3. Man konnte entweder neuen Boden erwerben, um die überschüssigen Millionen jährlich abzuschieben,
> 4. oder man ging dazu über, durch Industrie und Handel für fremden Bedarf zu schaffen, um vom Erlös das Leben zu bestreiten. (151)

Welche Wege nun findet er akzeptabel? Welche verwirft er?

Der erste Weg ist widernatürlich

Weg eins, die französische Methode, kommt überhaupt nicht in Frage, obwohl die Verhältnisse sie scheinbar nahelegen:

> Die Natur selbst pflegt ja in Zeiten großer Not oder böser klimatischer Verhältnisse ... ebenfalls zu einer Einschränkung der Vermehrung der Bevölkerung von bestimmten Ländern und Rassen zu schreiten; allerdings in ebenso weiser wie rücksichtsloser Methode.

Sie behindert nicht die Zeugungsfähigkeit an sich, wohl aber die Forterhaltung des Gezeugten, indem sie dieses so schweren Prüfungen und Entbehrungen aussetzt, daß alles minder Starke, weniger Gesunde wieder in den Schoß des ewig Unbekannten zurückzukehren gezwungen wird ... Indem sie so gegen den einzelnen brutal vorgeht und ihn augenblicklich wieder zu sich ruft, sowie er dem Sturme des Lebens nicht gewachsen ist, erhält sie die Rasse und Art selber kraftvoll. (144)

Aber die Menschen fügen sich dieser Logik nicht:

Anders ist es, wenn der Mensch eine Beschränkung seiner Zahl vorzunehmen sich anschickt. Er ist nicht aus dem Holze der Natur geschnitzt, sondern »human«. Er versteht es besser als die grausame Königin aller Weisheit ... Während die Natur, indem sie die Zeugung freigibt, jedoch die Forterhaltung einer schwersten Prüfung unterwirft, aus einer Überzahl von Einzelwesen die besten sich als wert zum Leben auserwählt, ... schränkt der Mensch die Zeugung ein, sorgt jedoch krampfhaft dafür, daß jedes einmal geborene Wesen um jeden Preis auch erhalten werde. Diese Korrektur des göttlichen Willens scheint ihm ebenso weise wie human zu sein, und er freut sich, wieder einmal ... die Natur übertrumpft, ja ihre Unzulänglichkeit bewiesen zu haben. Daß in Wirklichkeit allerdings wohl die Zahl eingeschränkt, aber dadurch auch der Wert des einzelnen vermindert wurde, will das liebe Äffchen des Allvaters freilich nur ungern sehen oder hören. (144 f.)

Der Abschnitt enthält zwei zentrale Stichworte von Hitlers Theologie: die »grausame Königin aller Weisheit« und das »liebe Äffchen des Allvaters«. Wir haben schon versucht herauszufinden, in welcher Beziehung sie zueinander stehen. Ganz wird das wohl nie gelingen, dazu ist diese Theologie zu wenig systematisch und Hitlers Sprache zu verworren. Aber unverkennbar ist das Pathos der Identifikation mit den großen Zwecken der grausamen Königin, das aus diesen Sätzen tönt:

> Das Ende aber wird sein, daß einem solchen Volke eines Tages das Dasein auf dieser Welt genommen werden wird; ... ein stärkeres Geschlecht wird die Schwachen verjagen, da der Drang zum Leben in seiner letzten Form alle lächerlichen Fesseln einer sogenannten Humanität des einzelnen immer wieder zerbrechen wird, um an deren Stelle die Humanität der Natur treten zu lassen, die die Schwäche vernichtet, um der Stärke ihren Platz zu schenken.
> Wer also dem deutschen Volke das Dasein sichern will auf dem Wege einer Selbstbeschränkung seiner Vermehrung, raubt ihm damit die Zukunft. (145)

Hier wird Eugenik in ihrer unerbittlichsten Form eingefordert; eine Eugenik, die allein das deutsche Volk befähigt, dem langfristigen, aus unerkannter und ungebremster Dekadenz erwachsenden Untergang zu entrinnen. Und der ist in dem Augenblick unvermeidlich, in dem man versucht, die Natur zu überlisten; dann ist über kurz oder lang Hunger und Elend fällig.

Man stellt sich der Selektion

Aber es ist klar, daß Hitler den Deutschen nicht zumutet, sich dem Hunger- und Elendstest der grausamen Königin zu unterwerfen. Selektion der Stärksten wird nicht mehr als demütig hinzunehmendes Schicksal gesehen, sondern, gerade in ihrer radikalen Bejahung, als politische, langfristig angelegte Methode.

Diese langen Fristen sind für Hitler eine planerische Notwendigkeit. Er hält nichts von *muddling through*, vom angelsächsisch-demokratischen Durchwursteln. Vielmehr beansprucht er für seine Politik mindestens die Frist der sieben Generationen, die angeblich die nordamerikanischen Indianer in ihrer Moral verankerten – nein, in Wahrheit geht es immer um Jahrhunderte, immer um das »tausendjährige Reich«.

Der zweite Weg ist zu kurzatmig

Diese Bedingung gilt auch für seine Auseinandersetzung mit dem Weg Nummer zwei, der »inneren Kolonisation«. Man verstand darunter die Verbesserung der Ernährungsbasis einerseits durch Gewinnung von Neuland (Kultivierung von Mooren, Anlage von neuen Poldern an der Küste und so fort), andererseits die Ertragssteigerung pro Flächeneinheit. Auch dieser Weg hält dem Test der Nachhaltigkeit nicht stand:

Ohne Zweifel kann die Ertragsfähigkeit eines Bodens bis zu einer bestimmten Grenze erhöht werden, allein eben nur bis zu einer bestimmten Grenze – und nicht endlos weiter. … Selbst bei größter Einschränkung einerseits und emsigstem Fleiße andererseits wird dennoch auch hier einmal eine Grenze kommen, die durch den Boden dann selber gezogen wird. Es wird bei allem Fleiße nicht mehr gelingen, mehr aus ihm herauszuwirtschaften, und dann tritt, wenn auch eine gewisse Zeit hinausgeschoben, das Verhängnis abermals in Erscheinung. ... Nun muß wieder die Natur helfen und Auswahl treffen unter den von ihr zum Leben Auserwählten; oder es hilft sich der Mensch wieder selbst, das heißt, er greift zur künstlichen Behinderung seiner Vermehrung. (146 f.)

Und dann werden eben die furchtbaren rassischen Folgen eintreten!

Letzten Endes wird der Kampf ums Dasein immer mehr oder weniger blutig, darauf hat sich jede Politik einzustellen: »Die Natur kennt keine politischen Grenzen. Sie setzt die Lebewesen zunächst auf diesen Erdball und sieht dem freien Spiel der Kräfte zu. Der Stärkste an Mut und Fleiß erhält dann als ihr liebstes Kind das Herrenrecht des Daseins zugesprochen.« (147)

Aber dann kommt wieder der Feind von Anbeginn daher – der Jude, der den gutmütigen und vertrauensseligen Deutschen die todgefährlichen Gedankengänge des Pazifismus einzublasen versucht: »Er kennt seine Pappenheimer nur zu gut, um nicht zu wissen, daß sie dankbar jedem ... Schwindler zum Opfer fallen, der ihnen weiszumachen versteht, daß das Mittel gefunden wäre, der Natur ein Schnippchen zu schlagen, den harten, unerbittlichen Kampf ums Dasein überflüssig zu machen, um an seiner Stelle bald durch Arbeit, manchmal auch schon durch bloßes Nichtstun ... zum Herrn des Planeten aufzusteigen.« (149)

Es muß also neuer Boden her, und zwar bald. Hitler spricht hier nicht über die Möglichkeiten der Agrarchemie (Gentechnologie war ja zu seiner Zeit noch nicht bekannt). Wir wissen aber aus anderen Äußerungen von ihm, daß er nicht allzuviel von Kunstdünger hielt; selbst in diesem ziemlich nebensächlichen Punkt folgt er der Logik seiner grausamen Königin. Auch dieser zweite Weg wird also verworfen: »Somit blieben nur zwei Wege, der steigenden Volkszahl Arbeit und Brot zu sichern: … entweder Boden- oder Kolonial- und Handelspolitik.« (151)

Es bedarf keines großen Scharfsinns, um zu erraten, welchen Weg Hitler vorzieht. Handel und Export können nie das ersetzen, was er für das Wichtigste hält: die machtvolle Nachhaltigkeit der völkischen Substanz. »Ein fester Stock kleiner und mittlerer Bauern war noch zu allen Zeiten der beste Schutz gegen soziale Erkrankungen, wie wir sie heute besitzen. Dies ist aber auch die einzige Lösung, die eine Nation das tägliche Brot im inneren Kreislauf einer Wirtschaft finden läßt. Industrie und Handel treten von ihrer ungesunden führenden Stellung zurück und gliedern sich in den allgemeinen Rahmen einer nationalen Bedarfs- und Ausgleichswirtschaft ein.« (151 f.)

Dazu aber braucht man Raum, braucht man Boden:

> Wenn diese Erde wirklich für alle Raum zum Leben hat, dann möge man uns also den uns zum Leben nötigen Boden geben.
> Man wird das freilich nicht gerne tun. Dann jedoch tritt das Recht der Selbsterhaltung in seine Wirkung; und was der Güte verweigert wird, hat eben die Faust

sich zu nehmen. Hätten unsere Vorfahren einst ihre Entscheidungen von dem gleichen pazifistischen Unsinn abhängig gemacht wie die heutige Gegenwart, dann würden wir überhaupt nur ein Drittel unseres jetzigen Bodens zu eigen besitzen. ... Der natürlichen Entschlossenheit zum Kampfe für das eigene Dasein verdanken wir die beiden Ostmarken des Reiches und damit jene innere Stärke der Größe unseres Staats- und Volksgebietes, die überhaupt allein uns bis heute bestehen ließ.« (152)

Zentrale Aufgabe deutscher Politik ist also Gewaltpolitik: die Wiederaufnahme der mittelalterlichen Expansion nach Osten, die über baltische und slawische Völker, damals unter dem Zeichen des Kreuzes, aber mit durchaus mörderischer Brutalität hinwegrollte. Auf dieses Ziel hin muß die gesamte Außenpolitik ausgerichtet werden. Dafür muß man den Rücken frei bekommen, und zwar durch ein Dauerbündnis mit der germanischen Seemacht, mit England.

Leviathan und Behemoth

Der ganze Plan fügt sich lückenlos in die Hitlersche Rassenmetaphysik ein. England und Amerika waren für ihn Garanten nordischer Oberherrschaft über die minderen Völker der Welt, soweit diese von der See her zu beherrschen sind. Die riesige eurasische Landmasse aber sollte der Expansion Deutschlands zur Verfügung stehen, sollte tunlichst über Generationen germanisiert werden. Hitlers Schiedsspruch teilte die Welt auf für Behemoth, den Landriesen, und Leviathan, das große Ungeheuer der See. Da östlich von Deutschland hauptsächlich Slawen siedeln, ordnet sich solche Expansion durchaus nach dem Herrenvolk-Lasttier-Schema, sobald einmal die größte Gefahr, der jüdische Bazillus, ausgerottet ist. Da Lasttieren grundsätzlich keine Menschenrechte zustehen, ist ihre Verwendung (oder Beseitigung) dem Belieben des Herrenvolkes anheimgestellt.

Das Herrenvolk als Herr der Technik

Es verbleibt ein praktisches Problem: Die mittelalterlichen Deutschen mochten den erfolgreichen Drang nach Osten noch mit urtümlichem Kriegs- und Friedensgerät bestreiten, im zwanzigsten Jahrhundert war ein hoher Standard der Technik, vor allem der Rüstungstechnik, angesagt, der mit Mittel- und Kleinbauern allein sicher nicht zu erreichen war. Zudem läßt Hitler selbst keinen Zweifel daran, daß zur »deutschen Kultur« eben nicht nur Erbhöfe und Thingstätten, sondern auch all die Errungenschaften gehören, die das industrielle Zeitalter seinen Auserwählten bietet. Ja, gerade die Fülle und Höhe dieser Errungenschaften ist der Ausweis für die rassische Überlegenheit.

Lauert aber in diesen Errungenschaften nicht schon der Keim der Dekadenz? Gehören sie nicht selbst schon zur »judenhaft frechen« Ideologie der Naturüberlistung? Werden sie in eine nachhaltige Welt, eine tausendjährige Zukunft überhaupt hineinpassen?

Die Antwort ergibt sich aus der rassistischen Prämisse. Das Herrenvolk ist nicht nur berechtigt, es ist verpflichtet, seine zivilisatorischen Standards zu erhalten und zu verbessern. Nur so kann es seine ultimative Aufgabe erfüllen: schlußendlich als Imperator der *Pax Germanica* über dem Erdkreis zu thronen.

Dies ist keine spekulative Deduktion; dafür gibt es Nachweise. Als in den zwanziger Jahren ein naiver Bürger bei Herrn Adolf Hitler anfragte, was er von der Idee des Weltfriedens halte, antwortete für den Befragten Rudolf Heß: Der Führer könne sich durchaus für die Idee erwärmen. Voraussetzung sei allerdings, daß die intelligenteste und stärkste Rasse die Polizeiaufgabe übernehme. Ihr stünden dann auch alle dafür notwendigen Machtmittel und eine gute materielle Versorgung zu; die anderen müßten sich eben einschränken. (Was »einschränken« in solchem Zusammenhang bedeutet, wurde nach 1939 klar.)

Das alte und ganz neue Muster der Barbarei

Dieser krasse Anspruch der Herrenrasse beschwört ein uraltes Menschheitsmuster herauf, das Muster der Barbarei. Viele traditionelle Gesellschaften – Stämme, Clans, Sprachgemeinschaften – bezeichnen sich selbst in aller Unschuld als »Menschen«, ein Ehrentitel, der keinem Fremden zusteht. Die sind zunächst einmal Untermenschen, und es liegt völlig in der Entscheidung der Gruppe, ob man ihnen Gastfreundschaft, Sklaverei oder den Marterpfahl zuerkennt. Die Griechen, welche alle ihre Nachbarn als *barbaroi* bezeichneten, hatten sich keineswegs von diesem Muster gelöst: noch in klassischer Zeit, in den Kämpfen von Polis zu Polis, waren Massaker und Knechtschaft das regelmäßige Los der Besiegten. Das änderte sich erst im Hellenismus.

Freilich, Hitlers Barbarei lag eine ganze oder mehrere Spiraldrehungen des Fortschritts weiter. Keine archaische Frömmigkeit, kein tragisches Bewußtsein, keine gemeinsame Klage über das lastende Geschick, wie sie etwa bei Homer den Griechen Achilles und den Troerkönig Priamos eint, hielten diesen Fortschritt auf oder legten ihm Zügel an. Der Zeitgeist, vor allem die Naturwissenschaft des neunzehnten Jahrhunderts, war längst über derlei naturwüchsige Gefühlsfelder hinweggegangen, und auch die Methoden von Unterwerfung, Dezimierung und Genozid hatten inzwischen unendlich von den Produktionsfaktoren Wissenschaft und Technik profitiert.

Diese barbarische Quadratur des Kreises: ein hohes Herrenvolk mit allen Privilegien der Moderne, das in jahrhundertelangen Fristen für die Nachhaltigkeit des planetarischen Lebens und der kulturellen Errungenschaften sorgt, sorgen kann, war das Geheimnis von Hitlers Erfolg. Der seit der Aufklärung immer wieder denunzierten Fremdbestimmung der jüdisch-christlichen Botschaft und den utopischen Träumen des Internationalismus entronnen, konnte man den hochtechnisierten Marsch in die eurasische Weite antreten, konnte, ja mußte man dabei die Standards der europäisch-atlantischen Kultur (wie Hitler sie verstand) nicht nur bewahren, sondern wenn möglich höherschrauben. Das Volk, das Goethe, Beethoven, Diesel und Graf Zeppelin hervorgebracht hatte, konnte nun auch zum komfortablen Imperialismus, zu den materiellen Errungenschaften des reichen Westens aufholen. Im Kriegsjahr 1942 schrieb Josef Goebbels einen Leitartikel für die SS-Zeitschrift *Das Reich*, in dem er erklärte: »Ein Kriegsziel des Dritten Reiches ist das Ei auf dem Frühstückstisch des kleinen Mannes.«

Und dennoch und gerade deshalb folgte man dem Plan der grausamen Königin. Freilich mußte man sich vor der Dekadenz hüten, nicht nur vor der Ansteckung durch den jüdischen Bazillus, sondern auch vor Verweichlichung und Zunahme des minderwertigen Erbguts. Dafür hatte die

Pädagogik der Hitler-Jugend, der SA und SS, der Ordens-burgen und der Napola (spezieller Eliteschulen) zu sorgen, zusammen mit strengen Maßnahmen gegen Erbkranke und strengen Gesetzen zur Verhütung ihres Nachwuchses. Aber den jungen Leuten die Hammelbeine langzuziehen war schließlich ein traditionelles deutsches Erziehungsideal, und Erbkranke kamen ohnehin teuer und waren unnütze Fresser.

Deutschland ist bereit

Im Deutschland der Weimarer Republik waren für eine solche Kombination von Wissenschaftsgläubigkeit, Über-legenheitsphantasie und Feindseligkeit gegen den alten Fortschrittsbegriff alle Weichen gestellt. Die Kulturpessi-misten verneigten sich vor der Ikone der grausamen Köni-gin (ohne je die ganze Konsequenz dieser Verehrung für sich selber zu durchschauen). Die frustrierte Klasse der Techniker und Manager sah gewaltige Projekte vor sich. Die Bourgeoisie hatte nie aufgehört, an so etwas wie naturgege-bene Rangordnung zu glauben und der Gleichmacherei und dem Pazifismus zu mißtrauen. Diese Projektionen schienen alle legitimiert durch die schlimmen Erfahrungen seit 1918: die Niederlage im Feld, die man nicht zugab, und die Kapitulation; den Schock des Versailler Vertrages mit seinen Gebietsabtretungen und immensen Reparationsver-pflichtungen; die schreckliche Inflation, die alle bis dahin unerschütterlichen finanziellen Sicherheiten zu Altpapier machte; und schließlich die Weltwirtschaftskrise mit ihrer hohen Arbeitslosigkeit, deren Entbehrungen mit dem Los heutiger Ausgesteuerter nicht zu vergleichen sind.

Und der deutsche Arbeiter?

Schließlich wurden die Weltwirtschaftskrise im allgemeinen und die Arbeitslosigkeit im besonderen zur Zerreißprobe für die deutsche Arbeiterbewegung. Das hohe Ethos der überzeugten Kommunisten wie der Sozialdemokraten war in Ursache und Wirkung auf Internationalismus gestellt, auf die Bruderschaft aller Werktätigen der Welt. Es war dieser Internationalismus, der sie motivierte und der ihr höchstes Ziel war. Aber die Voraussetzung für diese Eschatologie war die Überzeugung, daß die Schätze der Welt für alle reichen, wenn erst die Entfaltung der Produktivkräfte nicht mehr an die Profitinteressen des Kapitals gekettet sein würde.

Freilich, etwas unreflektierten Eurozentrismus hatte man sich immer geleistet (auch Marx und Engels waren nicht frei davon). Aber die Logik der sozialistischen Theorie schloß Chauvinismus und Rassendünkel aus. Sie stand auf der granitenen Überzeugung: *Es reicht für alle.*

Die konkrete Erfahrung machte es immer schwieriger, daran zu glauben. Immer mehr einfachen Menschen, Arbeitern und Proletariern dämmerte, daß es eben nicht für alle reichte. Gewiß, das Trommelfeuer der rechten Propaganda hatte immer schon auf den Marxismus eingehauen, das allein hätte die deutschen Sozialisten nicht weiter beeindruckt. Dagegen waren sie schon seit Generationen immun und wären wohl weiter immun geblieben, wären nicht Frost, Hunger und Perspektivlosigkeit als Massenerscheinungen aufgetaucht. Reichte es, wenn man sich in der bisher so reichen (oder doch so reich scheinenden) Welt umsah, vielleicht doch nicht für alle? Nicht einmal für alle amerikanischen, englischen, französischen, deutschen Arbeiter? War es noch wahrscheinlich, daß sich mehr oder weniger koordiniert die vitalen Kräfte der internationalen Arbeiterschaft gleichzeitig und gleich erfolgreich von Shanghai bis Detroit erheben würden, um der Not und der Unterdrückung ein Ende zu machen? War es bei allgemeiner Knappheit nicht an der Zeit, den Internationalismus fahrenzulassen und das, was nicht für alle reichte, wenigstens für den eigenen Haufen zu sichern?

Dazu brauchte man ein einig Vaterland; ein Vaterland also, bei dem auch die Mächtigen der kapitalistischen Ordnung freiwillig mitspielten: eine »Volksgemeinschaft«.

Das bißchen Sozialismus, das im Parteinamen steckte, durfte nicht dazu verführen, die einzig realistischen Bündnisse für den Gesamtplan aufzugeben: die Bündnisse mit England und Italien.

Ein bißchen Nationalbolschewismus

Nun gab es in der Frühzeit der nationalsozialistischen Bewegung durchaus einen nationalbolschewistischen Flügel, vor allem im Nordwesten Deutschlands, dem auch der Börsenbote Joseph Goebbels zuneigte. Sein Murren über die »Bonzen« in München, über Hitlers halb bourgeoisen, halb bohemehaften Umgang war verständlich und von seinem Standpunkt aus logisch. Dieser Flügel, der in den westlichen Siegermächten die Feinde und in der Sowjetunion einen natürlichen Verbündeten sah, hielt sich im Grunde fast bis zur Machtübernahme, vertreten insbesondere durch die Brüder Gregor und Otto Strasser.

Aber Hitlers politischer Instinkt war ihnen überlegen. Mit seinen großen darwinistischen Plänen wäre der Nationalbolschewismus nie vereinbar gewesen. Der Schlüssel zum

Endsieg, der weite Raum, die geopolitische wie die biologisch-ökologische Dauer, waren nur im Osten zu finden. Und nur im Osten (so rechnete jedenfalls Hitler) lebten die Menschen, die der fortschrittliche, privilegierte und rassenstolze angelsächsische Westen ohne große Gewissensbisse fallenlassen würde, wenn ihm erst die machtpolitischen Vorteile der dualen Weltherrschaft klargemacht wurden.

Sein System war paranoid, aber wie jede echte Paranoia hatte es eine bestechende innere Logik. Einer der ersten, die sie begriffen, war Joseph Goebbels; seine Konversion zu Hitlers Weltsicht, ein unglaubliches Dokument aufrichtiger Verlogenheit, ist in seinen Tagebüchern (bis 1926) nachzulesen.

Später, so erfährt man aus anderen Quellen, rechnete Hitler durchaus mit einer endgültigen Konfrontation, einer Konfrontation mit den USA und ihrem kontinentweiten Imperium. Aber das hatte Zeit.

Das große Drama beginnt

Aufnordung, Erbgesundung, Entwöhnung von Pazifismus, Humanismus, Mitleidsreligiosität; dann der Beginn der großen Expansion, die Niederwerfung, Versklavung, Vertreibung der Lasttiermenschen; und selbstverständlich, als logische und unabdingbare Voraussetzung für dies alles, die Ausrottung des jüdischen Bazillus: all das griff weit in die Jahrhunderte voraus, das benötigte ein tausendjähriges germanisches Reich für seine Errichtung und Festigung.

Alles in allem ist es staunenswert, wieviel davon Hitler in zwölf Jahren unterbrachte.

7 DIE SHOAH

ODER Der große Plan wird umgesetzt

Adolf Hitler wurde nicht um seines Plans willen gewählt. Strenggenommen wurde er überhaupt nicht gewählt. Die Machtübernahme im Januar 1933, zu einem Zeitpunkt, wo die Zahl der NSDAP-Wähler bereits um zwei Millionen abgenommen hatte, war das Ergebnis eines ziemlich elenden Komplotts, dessen wichtigstes Motiv die Angst eines Sohnes des Reichspräsidenten Hindenburg vor strafrechtlicher Verfolgung war, zumindest vor einer skandalösen Enthüllung seines Umgangs mit öffentlichen Geldern. Die reaktionären Gentlemen, die, angefangen mit dem Vizekanzler Herrn von Papen, ins Kabinett eintraten, fühlten sich alle Hitler überlegen, und der sogenannte politische Sachverstand gab dem Demagogen, dem Anstreicher, dem Windbeutel sechs Wochen oder Monate, bis sich seine wirren Staatskünste von selbst erledigen würden. Er war schlauer als sie alle.

Der Liebesfrühling

Er zerstampfte die Linke in wenigen Wochen und gab der staatsgläubigen Bourgeoisie das Schauspiel einer wahren Wende, deren Sinn in erster Linie die Wiederkehr des deutsch-patriotisch Guten, Wahren und Schönen sein sollte. Er trat im Frack auf, er verneigte sich tief vor dem greisen Reichspräsidenten, der sich grundsätzlich nur in der Marschallsuniform seines entschwundenen Kaisers zeigte.

Typisch für diesen Liebesfrühling ist der Name für ein Gesetz, das dazu gedacht war, alle Linksverdächtigen von den Hebeln der Macht zu entfernen: das »Gesetz zur Wiederherstellung des Berufsbeamtentums«. Vom endlich geschlossenen Reichskonkordat war bereits die Rede.

Es ist schwierig bis unmöglich, die komplexe Schichtung der Gefühle zu erforschen, welche die große Mehrheit damals beseelten. Denn gleichzeitig mit solch trefflichen wertkonservativen Maßnahmen übten in diesen ersten Wochen die SA und die Gestapo Mobjustiz, folterten, prügelten und plünderten, schufen zeitweise und permanente Konzentrationslager, marschierten bedrohlich vor jüdischen Geschäften auf. Irgendwie nahm man das in Kauf. Irgendwie, so schien es, war wirklich eine neue Zeit angebrochen, war ein frischer Wind übers Land gekommen. Irgendwie, so fühlten die einen, würden sich die häßlichen Züge des Regimes verlieren, würde nicht nur das Berufsbeamtentum, sondern alle edlen Eigenschaften der guten alten Zeit wiederhergestellt werden. Irgendwie, so fühlten andere, würde sich die neue Zeit als Erfüllung dessen zeigen, was die Jugendbewegung, was die Naturschützer, was die Barden des gesunden Volkstums angestrebt hatten und anstrebten. Irgendwann, so hofften die meisten, würden die Rabauken, die wild gewordenen Lumpenproletarier und Kleinbürger mit den Braunhemden, schon wieder auf den demütigen Platz in der sozialen Ordnung zurückgescheucht werden, der ihnen zustand. Und der Gefreite des Ersten Weltkriegs, der tapfere Frontsoldat Adolf Hitler, wußte schließlich aus eigener Erfahrung, was ein moderner Krieg war. Es würde ihm nicht einfallen, auf einen neuen loszugehen – vorausgesetzt, das Ausland war vernünftig und ließ die Reparationen fallen, die Deutschland aufs unerträglichste ausgepreßt hatten und auspreßten. Daß dafür schon Stresemann und Brüning die Weichen gestellt hatten, wollte man jetzt nicht mehr wissen.

Diversionen zum zweiten Weg

Und Hitler spielte auf seine Weise mit. Gerade die Maßnahmen und Initiativen wurden ergriffen, die seiner Analyse und Bewertung der vier Wege zu widersprechen schienen. Solidarität mit der Armut wurde institutionalisiert, einmal im Monat wurde ein »Eintopfsonntag« verordnet, dessen Ersparnisse der NS-Volkswohlfahrt zugute kommen sollten. (Meist vertranken die Sammler mindestens fünfzig Prozent der Sammelergebnisse.) Jeweils 175 Haushalte wurden darauf vereidigt, mit ihren Küchenabfällen ein sogenanntes »NSV-Schwein«, also zusätzliche Kalorien für die Volkswohlfahrt, zu ernähren. Der neugeschaffene Pflichtarbeitsdienst und Lagerbelegschaften politischer Gefangener wurden auf die Urbarmachung von Mooren und den Bau neuer Nordseedeiche angesetzt, die dem Meer fruchtbaren Boden entrissen. Die Bauern wurden durch ein Erbhofgesetz sozusagen feudalisiert, ihr Boden wurde unveräußerlich, und die Vorschriften für geförderte Arbeitersiedlungen machten Gemüsegärtchen zur Pflichtauflage. All das entsprach doch dem Weg zwei, dem Weg, den Hitler höchstens als kurzfristigen Notbehelf zulassen wollte!

Täuschung und Enttäuschung – das Röhm-Massaker

Gekrönt wurde dieses Jahr des holden inneren Friedens durch eine höchst blutige und werbewirksame Maßnahme: die Liquidation der aufmüpfigen SA-Stäbe unter Ernst

Röhm durch Massenerschießungen, bei denen man auch ein paar Unbequeme, Widerborstige und Zuvielwisser anderer Couleur mitgehen ließ.

Das Ganze beruhte auf einer eiskalten Absprache mit der Reichswehr und der SS, die Hitler den zügigen Aufbau der Kriegsbereitschaft zusagten. Aber gleichzeitig war es erster, massiver und wohl entscheidender Test einer satanischen Pädagogik, nämlich der Umerziehung der staatsgläubigen deutschen Mehrheit hin zu den neuen, von der grausamen Königin verordneten Zielen.

Unvergeßlich ist mir das Leuchten im Auge unseres Geschichtslehrers, der am Morgen nach der Mordnacht vor die Gymnasialklasse trat und verkündete: »Damit ist die Revolution zu Ende!« Mein Lehrer war der Bruder des evangelischen Landesbischofs: so wie er dachte und fühlte, davon konnte man ausgehen, die staatstreue Mehrheit. Und sie spürte dabei ganz genau (dafür gibt es genug Belege), daß damit auch die letzten Relikte des Rechtsstaates zu Bruch gingen. Der Charakter des Systems war bloßgelegt, und zwar (davon bin ich heute überzeugt) bewußt bloßgelegt.

Röhm und die Seinen waren für einen solchen Crashkurs der ideale Gegenstand. Sie hatten die deutschen Biedermeierseelen in den Monaten vom März 1933 bis zum Juni 1934 zutiefst beunruhigt. Röhm, der wuchtige SA-Führer des Münchener Novemberputsches, war wegen Krächen innerhalb der Bewegung nach Bolivien gegangen, aber, dem ausdrücklichen Wunsch Hitlers folgend, wieder zuückgekehrt, um die Organisationsreform der SA zu übernehmen, der traditionellen Braunhemden der sogenannten Kampfzeit. Nach der Machtübernahme durften sie ein bißchen herumprügeln und herumplündern, Sozialisten und Gewerkschaftler zusammenschlagen, wurden aber über ihren Status, ihre Rolle im Dritten Reich von Hitler bewußt im unklaren gehalten. Röhm, der sich (wohl zu Recht) brüskiert fühlte, wollte sie gleichberechtigt als bewaffnete Formation neben der emporsteigenden SS und vor allem der Wehrmacht erhalten und schuf sich eine Art Privatarmee, die sogenannten Stabswachen. In den Regionen, vor allem im Norden und Osten, aber auch unter den uralten lumpenproletarischen Kämpfern in Bayern und den höchst gefährlichen österreichischen Militanten, die nach dem mißglückten Putsch gegen das Dollfuß-Regime über die Grenze flohen, wurden Umsturztöne gegen das Bonzenwesen und das ganze feine Gesocks da droben hörbar, letzten Endes kulturrevolutionäre Drohungen. Gleichzeitig aber, und wohl geschickt von den Komplotteuren gesteuert, wurde überall die Parole laut, die den mythischen Terror der »zweiten Revolution« ankündigte. Dieser Mythos hat dem weißen Terror immer wieder gute Dienste geleistet, bis zum Sturz Allendes in Chile. Die zweite Revolution, die ja immer umfassende Todeslisten vorbereitet, und vor allem wäre sie dem eben im Liebesfrühling bebenden Bürgertum unmittelbar an die Intimwäsche gegangen, hätte die einzigen Verhältnisse verändert, die für das Bürgertum wirklich zählen: die Verhältnisse des Eigentums. Und so gab man, genau wie in den Münchener Maitagen 1919, dem weißen Terror implizit jede Vollmacht.

Wie gut es Hitler und den eigentlichen Putschisten, nämlich der SS und der Wehrmacht, gelang, die semantischen Höhen einzunehmen, davon zeugt die Tatsache, daß der ganze Vorgang in den Hinterköpfen der Zeitgenossen (auch dem des Verfassers) immer noch unter dem Stichwort »Röhmputsch« abgelegt ist, als ob ein solcher geplant oder auch nur möglich gewesen wäre. Wie erfunden dieser »Röhmputsch« war, das beweist schon die völlige Fassungslosigkeit der SA-Massen, die sich unter einer neuen, gesichtslosen Führung für immer als Traditionsverein in die Hinterzimmer der Bierwirtschaften abdrängen ließen.

Gleichzeitig (und das war wahrhaft virtuos) ließ man wenigstens halboffiziell durchaus wissen, wer so nebenbei liquidiert wurde: General Schleicher als der letzte gefährliche Paktierer mit den Dissidenten des Strasserflügels 1932; der Münchener Putschabbieger und Zuvielwisser von 1923; Herr von Kahr, der Sekretär und Ghostwriter des Vizekanzlers von Papen, welcher seinem kläglichen Herrn eine mutige Rede gegen die Rechtlosigkeit aufgesetzt hatte, und noch einige andere – sogar ein Münchener Musikkritiker, der nur erschossen worden war, weil er Schmidt hieß wie ein SA-Führer auf der Proskriptionsliste.

All das wurde Teil des großen Konsenspakets, das den Staatstreuen unaufgeschnürt und unaufschnürbar über den Tisch geschoben wurde, und die Annahme wurde nicht verweigert. Mit diesem Konsens hatte Hitler nicht nur die Wehrmacht moralisch unterjocht, sondern auch die staatstreue Mehrheit. Damit konnte es nun an die eigentliche Arbeit gehen. Er wußte, von nun an war den Staatstreuen mehr und mehr Bandentreue zumutbar und abzuverlangen, selbst denen, die mit dem Kern der barbarischen Dogmatik nicht einverstanden waren.

Antisemitismus und Eugenik

Nun liefen entscheidende Offensiven des großen Planes an: der Kampf um die Erbgesundheit und der Kampf gegen den jüdischen Bazillus.

Der letztere wurde zunächst auf ästhetischem und intellektuellem Gebiet inszeniert als Kampf gegen Schmutz und Schund, gegen »entartete Kunst« und ideelle Zersetzung. Nach einigen sehr kurzen Versuchen, etwa von Gottfried Benn und Joseph Goebbels, einiges Moderne wie etwa den Futurismus in den offiziellen Kanon einzubringen (man dachte da an italo-faschistische Vorbilder), siegte der starr rückwärtsgewandte Kunstgeschmack Hitlers, der auf einen sterilen Klassizismus fixiert war. Und auf Scheiterhaufen, die ausgerechnet Studenten anzündeten, endeten die namhaftesten literarischen Werke der Weimarer Blütezeit.

Diese Säuberungen (welche durchaus der Seelenlage der »anständigen« Mehrheit entsprachen) waren nur Kulissen für den eigentlichen Kampf um die Gesundung des Volkskörpers, der rasch und entschlossen einsetzte, und zwar fast gleichzeitig an zwei Fronten: der Reduktion der Erbkrankheiten und der Aus- und Absonderung des Judentums.

Sterilisations- und Judengesetze

Die Waffe an der ersten Front war der sterilisierende Eingriff, der zunächst bei Verdacht auf bestimmte Geisteskrankheiten (wie man sie damals verstand) vor der Eheschließung zwingend vorgeschrieben wurde; auch gegen Straffällige ging man unter ziemlich weiten Indikationen entsprechend vor. Das Ganze hieß »Gesetz zur Verhütung erbkranken Nachwuchses«. Auch dafür konnte man sich der mehrheitlichen Meinung ziemlich sicher sein.

Umfassender und komplizierter wurde die Sache, als es um Aus- und Absonderung der Juden ging. Hier stieß der Gesetzgeber auf die Unvereinbarkeit der Metaphysik Hitlers mit der zeitgenössischen deutschen Wirklichkeit. Die Juden, seit Jahrtausenden in Deutschland ansässig und seit mindestens hundertfünfzig Jahren auf Assimilation und Integration bedacht, bestimmten nicht nur einen überdurchschnittlichen Anteil des bedeutenden kulturellen und wissenschaftlichen Lebens, sondern hatten sich auch als Soldaten und Offiziere im Krieg ausgezeichnet, obwohl sie für die entscheidenden, nach wie vor feudalen Spitzen der wilhelminischen Armee nicht zugelassen wurden. Sie hatten sich oft genug taufen lassen, sie hatten Christen und Christinnen geheiratet (so manches heruntergekommene Adelsgeschlecht war vom jüdischen Schwiegerpapa finanziell saniert worden). Hitlers Krankheitserreger, der tödliche jüdische Bazillus, war also mit bloßem, das heißt vorurteilsfreiem Auge in der deutschen Gesellschaft kaum mehr auszumachen – gerade auch dann, wenn man der reinen Lehre folgte und nicht die Zugehörigkeit zum mosaischen Bekenntnis, sondern die Blutlinien zum Kriterium machte. Die berüchtigten Nürnberger Judengesetze, die »zum Schutze von Volk und Staat« erlassen wurden, waren infolgedessen ein Dickicht von Spezifizierungen, von verschiedenen Mischlingskategorien, bei denen man, wiederum völlig willkürlich, von der Konfession der vier Großeltern ausging, aber eine Reihe von Ausnahmen (etwa Tapferkeit im Felde) zuließ. Das Werk war ein Paradies für Kommentare, deren bekanntester von einem Herrn Globke, dem späteren Adjutanten Konrad Adenauers, angefertigt wurde.

Durch Pedanterie wird immer der Willkür Tür und Tor geöffnet, insbesondere beim Tatbestand der sogenannten »Rassenschande«, also des geschlechtlichen Verkehrs zwischen Juden und Nichtjuden. Hier konnte sich die Denunziationsgier und der hundsgemeine Alltagsfaschismus der kleinen Leute austoben. Erst in jüngster Zeit wurden wieder einige dieser trüben Tatbestände journalistisch ausgeleuchtet, natürlich gegen heftige Blockaden vor Ort.

Die Willkür konnte aber auch in entgegengesetzter Richtung wirksam werden; hohe Nazis hatten sozusagen ihren »Schutzjuden«. Als prominenteste galten als solche (zu Recht oder Unrecht) der Luftwaffengeneral Milch, ein Protegé Görings, und der vielleicht effektivste Bluthund des Systems, Heydrich.

Was zählt, ist der Geist

All das war nicht konsequent, aber das brauchte es nicht zu sein. Hitlers Welt war die des Frontverbandplatzes, der Triageentscheidungen, der groben Seuchenbekämpfung, in der Einzelfälle keine große Rolle spielten. Und letzten Endes war ja der Bazillus gar keine Frage der Körper, sondern einer der Metaphysik der todbringenden »jüdischen« Gesinnung in all ihren feinen Variationen.

So war klar, daß Hitler auf dem Feld der Wissenschaft keine Ausnahmen dulden konnte. Wenn irgendwo, so mußte jüdischer Geist gerade auf diesem Feld seine gefährlichste Wirkung entfalten. Der Beinaheruin von akademischer Medizin und Naturwissenschaften, etwa auch des weltberühmten Göttinger Instituts, an dem die Väter (und Mütter) der Kernspaltung arbeiteten, wurde in Kauf genommen. Auf dringliche Warnungen, die deutsche Physik und Chemie drohe durch den Weggang jüdischer Spitzenkönner tödlichen Schaden zu nehmen, antwortete Hitler, dann müsse man eben eine Zeitlang ohne Physik und Chemie auskommen. In seinem Kopf, besser gesagt in seinem Nervenkostüm stand fest, daß das Verschwinden des jüdischen

Geistes absoluten Vorrang haben müsse. Denn wer wußte schon, wer konnte schon beurteilen, in welcher Verkleidung der eigentliche Bazillus, *der ja nichts anderes als die humane Botschaft selbst ist*, im Göttinger Institut, an der Humboldt Universität, in allen Fakultäten und Instituten des Reiches am Werk war?

Der Krieg war dem Bazillus erklärt, der Krieg hatte begonnen.

Was verhehlte Hitler?

Es ist nicht notwendig, die Stadien der jüdischen Erniedrigung im einzelnen zu schildern. Lange war es der Welt, war es den meisten Naziführern selbst unklar, wo dieser Weg enden würde. In einer Vertreibung nach Palästina? Nach Madagaskar? Hitler wußte zu schweigen, er war nicht nur ein perfekter Lügner, sondern auch ein perfekter Verhehler. Deshalb ist nicht feststellbar, mit welcher Konsequenz er im einzelnen den dritten Weg weiterverfolgte oder auch erst antrat, wann und wie im einzelnen er die Maskeraden des Weges zwei aufgab. Und vor allem wissen wir nicht genau, was seinem Zeitplan zustieß.

Die meisten Historiker nehmen an, daß er kurz vor dem Beginn der äußeren Expansion begann, sich Sorgen um seine Mission zu machen, weil er sich gesundheitlich angeschlagen fühlte. (Er war Hypochonder, und sein Leibarzt war ein Scharlatan.) Er schloß daraus, daß er alles Wesentliche seines Planes, wenn irgend möglich, selbst erledigen mußte. Und so kam es seit 1938 zweimal im Jahr zu jenen Coups, welche die Welt erschütterten – Österreich, Sudetenland, tschechisches Protektorat, Polenkrise –, Coups, die so oder so auf Krieg angelegt waren.

Was zurücktreten mußte

Langfristige Projekte mußten dabei zurücktreten: die Aufnordung, das heißt die Höherzüchtung des bastardisierten deutschen Volkes zu den Gipfeln germanischer Rasse und die entsprechenden Umbrüche in der kollektiven Psyche, die systematische Tilgung der jüdisch-christlichen Botschaft nicht nur aus den Köpfen, sondern aus dem Solarplexus und den Eingeweiden. Gewiß, wie sich im Krieg herausstellte, war er mit den Hitler-Jungen und BDM-Mädchen ein gutes Stück in seinem Konzept »Flink wie die Windhunde, zäh wie Leder und hart wie Kruppstahl« vorangekommen. Er hatte im Innern der meisten von ihnen die Kompaßnadel bedingungslos auf den Führer und seinen Befehl ausgerichtet; sie konnten dann etwa als blutjunge Arbeitsmänner nach Dienstschluß arglos mit Gewehren an die Stacheldrahtzäune der Gefangenenlager gehen, in denen verhungernde Russen hockten, und »Spatzen schießen«. Aber alle die, welche 1933 schon zu vergleichender Vernunft gelangt waren, alle, in deren Milieu noch Reste älterer Sinnbotschaften überlebten, konnten in sechs oder acht Jahren einfach nicht völlig umgepolt werden.

Sicher, man versuchte sich, so gut es ging, ans Programm zu halten. Es wurde in den besetzten Ostgebieten eine Menge nordischer und halb-nordischer Schädel vermessen, es wurde in den »Lebensborn«-Anstalten stattlichen SS-Männern Gelegenheit gegeben, stattliche Nachkommen zu zeugen. Aber für den so rasch hereingebrochenen Krieg war Hitler doch auf die alten deutschen Untertanentugenden angewiesen, auf die blinden Befolger von Befehlen, auf die bewußtlose Freude an technischem Gerät und den Stolz auf anständige Organisation, ja sogar auf den herzhaften Zuspruch der Militär- und Zivilseelsorge. (Später, ab 1943, war es nackte Angst vor der Vergeltung, welche die Deutschen zusammenschweißte, und die Goebbels-Propaganda wußte diese Angst gut zu nutzen.)

Die Verweigerung Englands

Das zweite große Pech war, daß England Hitlers blendendes Angebot nicht ergreifen, nicht begreifen wollte. Was schon das Rückgrat seines außenpolitischen Konzepts in *Mein Kampf* bildete, hat er im Sommer 1941, in seiner großen Siegesrede nach der Niederwerfung Frankreichs, ausladend wiederholt. (Ich hörte sie in einem Lager des Arbeitsdienstes.) Mit echter Verwunderung in der Stimme hat er England gefragt, worum es eigentlich noch Krieg führe – es war das alte Angebot aus *Mein Kampf*, von keinerlei Rachegefühlen getrübt: Albions unbeschränkte und unbeschädigte Herrschaft über die Meere und ihre Küstenländer, um Hitler die Expansion nach Osten freizugeben. Was wollte Churchill mehr, was konnte er mehr wollen?

Die schlichte Wahrheit ist: Hitler hat England nie verstanden. Daß es das Angebot ausschlug, dafür konnte es seiner Überzeugung nach nur einen Grund geben: es war den Einflüsterungen und der Finanzmacht Judas erlegen. Prompt ging die Propaganda daran, diese Sprachregelung einzubleuen. (Ich erinnere mich an einen Film über die Rothschilds, der diesem Zweck diente.)

Englands Hartnäckigkeit störte nicht nur den Zeitplan, es änderte die Begründung für den großen Ostkrieg. Jetzt erhielt er (nach außen und für die altmodischen Staatstreuen) die gleiche elende Aufgabe, die schon Napoleon seinem Rußlandfeldzug zuschrieb (und die auch seinen Niedergang einleitete): Rußland mußte besiegt werden, um England den letzten Festlandsdegen aus der Hand zu schlagen. So kam es genau zu dem, was *Mein Kampf* als den schlimmsten Fehler der wilhelminischen Politik angeprangert hatte: es kam zum Zwei- und Mehrfrontenkrieg.

Die Shoah wird unausweichlich

Viele haben darauf hingewiesen, daß die Shoah, das programmatische Morden, erst begann, als sich das Kriegsglück bereits wendete. Das ist nicht ganz korrekt. Die Shoah wurde nämlich durch eine Aktion eingeleitet, die Hitlers zweiter großer Sorge um eine nachhaltige Zukunft entsprang: das Euthanasieprogramm für behinderte Kinder.

Den engen Zusammenhang zwischen diesem bethlehemitischen Massaker und der Judenvernichtung, mit anderen Worten: den Zusammenhang zwischen Eugenik und Antisemitismus, hat meines Wissens am klarsten der Historiker Dan Diner als Zentralpunkt Hitlerscher Ideologie und Praxis analysiert. Daß andere dies nicht erkannten, liegt vermutlich daran, daß die Synchronität zwischen den beiden Programmen abriß. Hitler sah sich einer unerwartet starken, durch eine Predigt des Münsteraner Bischofs Galen ausgelösten Empörung gegenüber und sagte die Euthanasiekampagne ab – wohl um die Kampfmoral des katholischen Bevölkerungsteils nicht zu gefährden. (Wir werden darauf zurückkommen.) Die medizinischen Expertenteams aber, die man dafür nicht mehr brauchte, wurden nach Osten geschickt, zur Arbeit in den Vernichtungslagern.

Im Osten aber war es vorbei mit dem Hinhalten, mit den Verschleierungen und Umwegen. Der Holocaust, der Barbarenkrieg war angesagt. Und er begann systematisch schon 1939.

Die ersten, die in Auschwitz eingeliefert und teilweise liquidiert wurden, waren nicht Juden, sondern ein großer Teil der polnischen Intelligenz. Erste Forderungen des großen Plans wurden unter dem Motto umgesetzt: »Der Pole ist Knecht«, und das bedeutete natürlich das Verschwinden der polnischen Oberschicht, des polnischen Nationalgeistes und seiner Traditionen. Die Juden wurden so rasch wie möglich in unbeschreiblichen Ghettos zusammengepfercht, wo sie zunächst der grausamen Königin aller Weisheit überlassen wurden. (Ein Studentenführer erklärte uns allen Ernstes, daß sie unter diesen Umständen nun ihre »wahre« Überlebensfähigkeit beweisen könnten.)

Ab 1941 begann erst die wirkliche Treibjagd. War im Westen, in den Beneluxstaaten, in Frankreich und in Afrika, das Regelwerk der Genfer Konventionen noch einigermaßen beachtet worden, regierten im Osten massenhafte Vergeltung und Genozid. Die entsprechenden Befehle sind bekannt, die entsprechende Praxis desgleichen. Punktuelle Entlastungsargumente für bestimmte Personen und Einheiten sind teilweise berechtigt, ändern aber nichts im Gesamten. Es ist festzustellen: der tödliche Bazillus des Humanismus im weitesten Sinne hatte hier, im Raum der geplanten großen Landnahme, endgültig seine Wirkung eingebüßt.

Die Zwei Kriege

Man hat von den zwei Kriegen gesprochen, die 1939 bis 1945 geführt wurden, den gegen die westlichen Alliierten und den gegen die Ostvölker. Und es hat heftigen Widerspruch gegen diese These gegeben. Sie kann zur Verdeutlichung verwendet werden, wenn man gleich hinzufügt, daß sich der Status eines Feindes im Laufe der Zeit verändern konnte. So kapitulierte 1941 ein westlich orientiertes offizielles Jugoslawien, aber der Genozid setzte 1942 mit dem Partisanenkrieg ein. Vielleicht der schändlichste dieser Statuswechsel war der Umschlag in Italien 1943. Die Behandlung der Italiener durch die Deutschen nach diesem Umschlag gehört zu den am erfolgreichsten verdrängten Erinnerungen des Krieges.

Und die Juden konnten nirgends in Europa auf Gnade rechnen.

Damit aber stoßen wir auf das innerste Grauen, auf das Diabolische, das ja im Grunde nie etwas anderes ist als das Böse, welches sich jeder Analyse verweigert.

Warum Auschwitz?

Die Frage »Warum Auschwitz?« wurde wieder und wieder gestellt und nie wirklich beantwortet – jedenfalls nicht schlüssig. In seinem Aufsatz »Warum Auschwitz?« von 1995 zählt Gunnar Heimsohn schon 42 Antwortthesen auf, vielleicht sind es inzwischen ein paar mehr geworden. Warum, so fragt der Rationalist, dieser riesige Apparat von Transport und Logistik und Vernichtungsmitteln? Warum dieser Verzicht auf die qualifizierten Arbeitssklaven, als die sich gerade im Osten die Juden anboten? Vor allem, warum dies alles in dem Moment, wo sich die Niederlage abzeichnete; wo jede Tonne rollendes Material, jeder Gleis- und Straßenkilometer dringend für Frontnachschub und Rüstungsgüter benötigt wurden? Sicher, es gibt ein paar marxistische Thesen unter den 42, die in der Shoah lediglich ein Maximum an raubkapitalistischer Ausbeutung erkennen wollen. Aber da kann der Rationalist wirklich zurückfragen, ob sie die Nazis tatsächlich für so dumm halten, daß sie die ungeheure Ressourcenverschwendung dieses Mordprogramms nicht durchschauen konnten.

Nein, zumindest im Kopf Hitlers und seiner bedingungslosesten Anhänger muß die absolute Priorität der Judenvernichtung vor jeder materiellen Kriegsnotwendigkeit einen hinreichenden Grund gehabt haben. Es muß einen Grund geben für Hitlers letzten Satz an das deutsche Volk: »Vor allem verpflichte ich die Führung der Nation und die Gefolgschaft zur peinlichen Einhaltung der Rassegesetze und zum unbarmherzigen Widerstand gegen den Weltvergifter aller Völker, das internationale Judentum.«

Prioritäten

Seine Klassifizierung der Slawen als Untermenschen hat er *de facto* zurückgenommen; 1944 nach dem Verrat der UdSSR am Warschauer Aufstand versuchte er, den Polen zu schmeicheln, und Stalin hat er im Grunde als Bruder im Geiste respektiert. Seine Rassentheorie sah er durch die Niederlage eher bestätigt als gefährdet; das deutsche Volk hatte eben den Test der grausamen Königin nicht bestanden, punktum. Aber wenn die Welt nicht in Leblosigkeit versinken, wenn sie nicht in Kürze als toter Planet um die Sonne kreisen sollte, mußte die ewige und zentrale Weltgefahr unbarmherzig, das heißt mit Auschwitz-Methoden bekämpft werden: der Ewige Jude.

Es war daher absolut logisch, daß eben der Augenblick, in dem sich die Niederlage abzeichnete, der Augenblick des großen Shoah-Programms wurde. Wenn man den Krieg schon verloren geben mußte (und es ist nicht klar, wann ihn Hitler innerlich verloren gab, aber vielleicht war der Zeitpunkt schon die Katastrophe vor Moskau und der Kriegseintritt der USA im Winter 1941/2), dann hatte man unter den verbleibenden Möglichkeiten der Aktion jene zu wählen, die insgesamt für die Zukunft der Welt am wichtigsten war.

Und das war die Vernichtung der Juden – der Juden und ihrer Botschaft.

Wo Hitler ehrlich war

Um Auschwitz zu erklären oder doch wenigstens in den historischen Zusammenhang zu stellen, genügt es, die zentrale These von *Mein Kampf* für Hitlers innerste, ehrlichste Meinung zu halten. Sicher, er war ein unglaublicher Lügner. Er bediente jede gesellschaftliche Gruppe, jede Kränkung, jede Ambition in deutschen Landen mit widersprüchlichen Parolen und Versprechungen. Er nannte seine Partei eine Arbeiterpartei und verfolgte die Arbeiter, versprach den Bauern Erbhöfe und spannte sie ein in die Kriegswirtschaft, schmeichelte den Kapitalisten und nasführte sie, redete vom »positiven Christentum« und exekutierte die wahren Christen. Aber woran er festhielt, war sein andächtiger Glaube an die grausame Königin – und seine konsequente Todfeindschaft gegenüber ihrem Todfeind, dem Juden.

Denn dieser, »judenhaft frech«, versucht die Natur zu

überlisten. Seit mindestens zweitausendfünfhundert Jahren predigt er diese Botschaft in wechselnden Formen und Verkleidungen. Kurz und knapp: es ist die Botschaft des Lebensschutzes, des Mitleids mit den Schwachen, der Friedfertigkeit, des gleichen Rechts aller. Diese Botschaft ist pervers, weil sie über kurz oder lang die Lebenskraft der Völker, ihre Zukunftsperspektiven zerstört. Und dies ist so klar einsehbar, daß eine hohe Intelligenz wie die jüdische es natürlich immer weiß und gewußt hat.

Daraus ergab sich für Hitler wiederum zwingend, daß der Jude in Wirklichkeit ganz anders dachte und fühlte; daß er, im Zwang seiner Abartigkeit, die Völker nur schwächte und verführte, um die Wehrlosen auszusaugen. Das letzte, das logische Ergebnis mußte dann der tote Planet sein, der stumm seine Bahn um die Sonne zieht.

Schon 1920, in einem Gespräch mit Dietrich Eckardt, seinem literarischen Mentor, beschwört Hitler dieses Bild vom toten Planeten. Hat er es von Klages, von Gobineau? Oder war es bereits in die Anonymität abgesunkenes Kulturklischee?

Wie auch immer, es galt vor allem andern, »sich des Juden zu erwehren«. So kehrte das niedergehende Dritte Reich zwanghaft zum Zentrum seines schwarzen Glaubens zurück, zur letztmöglichen, in dieser Kriegslage schon selbstlosen Mission des deutschen Volkes. Wenn es zu schwach war, den slawisch-asiatischen Ansturm auf Europa zu brechen, war es immer noch stark und organisiert genug, das allerhöchste Kriegsziel zu verfolgen und einzulösen, die Vernichtung der europäischen Judenheit. So mochte es späteren Geschlechtern vielleicht gelingen, die Spuren der verhaßten Botschaft zu tilgen – der Botschaft, die letzten Endes *nichts Anderes als die Substanz des Judentums selber* war.

Das ist Hitlers Systematik in *Mein Kampf* und in seinem letzten Vermächtnis. Nur wer sie verdrängt, kann Auschwitz für unerklärlich halten. Es ist die konsequenteste und logischste Handlung Hitlers überhaupt.

Die Wiedergeburt des heiligen Mords

Die Tilgung fand in rituellen Formen statt, als Renaissance der mordenden Barbarei und des Molochopfers in millionenfacher Vervielfältigung. Seit Abel, dem ersten Erschlagenen, richtet die jüdisch-christliche Botschaft den Scheinwerfer der Erkenntnis und Einsicht auf das Mordopfer; nicht, wie dies in der Welt seit Menschengedenken üblich war, auf die ekstatische Entladung, die vom gemeinsamen Schlachten ausgeht und die das Opfer alsbald in den goldenen Nebel der mythischen Erhöhung hüllt. »Kain, wo ist dein Bruder Abel?« Mit dieser Anfrage schon erhellt sich die Bühne, vertreibt den Gloriennebel um die Schlachtaltäre. Aber gerade diesen Nebel brauchte Hitler, brauchten die Nazis, wie schon zutiefst heidnisch gebliebene Christen vor ihnen den Opfernebel für ihre heiligen Judenpogrome zu erhalten versucht hatten. Letzten Endes wurden die Hekatomben von Auschwitz der kältesten, der insektenhaftesten Göttin dargebracht, welche die Welt je kannte: Hitlers *grausamer Königin.*

Das Mißlingen war angelegt

Und natürlich mißlang der Kult der Königin gründlich. Der Generalplan Ost, der Plan jahrhundertelanger Unterwerfung und Dezimierung von Untermenschen, kontrolliert von den modernsten Maschinen der Kriegs- und Polizeitechnik, hätte, falls erfolgreich, in wenigen Jahren die Deutschen in genau das verwandelt, was sie als »den Juden« fürchteten: in blutsaugerische Parasiten, die das Leben der eroberten Räume leer fressen, die sich selbst in die absolute kulturelle Sterilität einkerkern würden, unter strikter Ablehnung jeder Akkulturation. Unter ihnen und rings um sie hätte sich der Haß der Sklaven in unbändige Intelligenz verwandelt, der keine Helotenpolizei auf Dauer hätte trotzen können. Und so hätte der Sieg des Generalplans nie das eingelöst, was Hitler als Königsziel seiner Geopolitik vorgeschwebt hatte: die jahrhundertelange Sicherung des *Lebensraums*, das Tausendjährige Reich Germanischer Nation. Keine naturgeschichtliche Stabilität hätte sich ergeben; vielmehr wäre der arische Herrenvolktriumph sicherer als der jüdische Sieg in Hitlers künstlichen Alpträumen auf den sinnlosen Endpunkt zugelaufen: den entleerten Planeten.

Deutschland hat Glück gehabt.

Exkurs III
Hitler und die jüdisch-christliche Botschaft

Hitler hat in *Mein Kampf* seine Ansprüche an das Christentum anders formuliert als im Sinn einer staatserhaltenden Koexistenz. Über den Protestantismus schrieb er: »Der Protestantismus vertritt an sich die Belange des Deutschtums besser, so weit dies in seiner Geburt und Tradition begründet liegt ... er bekämpft aber sofort jeden Versuch, die Nation aus der Umklammerung ihres tödlichen Feindes zu retten, da seine Stellung zum Judentum nun einmal mehr oder weniger dogmatisch festgelegt ist.« (123)

Es ist nicht ganz klar, ob Hitler den Katholizismus für antisemitischer hält, vielleicht wegen seiner Geschichte. So oder so müssen sich die Kirchen, wenn sie bei Hitler eine Zukunft haben wollen, energisch aus jeder Verbindung mit der Judenheit lösen. Und Hitler fände es auch nur logisch, wenn sie das täten. Denn Jesus Christus, wie aus dem Protokoll einer Weihnachtsansprache vor seinen Kampfgefährten hervorgeht, sei selbst der entschiedenste Kämpfer gegen das jüdische Kapital gewesen: »Die Geburt des Mannes, die an Weihnachten gefeiert werde, habe für den Nationalsozialismus die größte Bedeutung. Christus sei der größte Vorkämpfer im Kampf gegen den jüdischen Weltfeind gewesen … Kampf gegen die Macht des Kapitals sei sein Lebenszweck und seine Lehre gewesen, für die er von seinem Erzfeind, dem Juden, an das Kreuz geschlagen worden sei … So werde sich der Nationalsozialismus trotz Verfolgungen und Schikanen durchsetzen. Das Werk, welches Christus angefangen hatte, aber nicht beenden konnte, werde er – Hitler – zu Ende führen.«

Trotz aller Sympathie für das Deutschtum ging das den Kirchen zu weit. In einer Serie von Predigten im Münchener Liebfrauendom verteidigte Faulhaber, der selbst Professor für alttestamentliche Exegese gewesen war, die humanitäre Kraft der jüdischen Bibel gegen die Anwürfe der Neuheiden (und, nebenbei, der sogenannten Deutschen Christen). Niemals aber setzte sich die Amtskirche ausdrücklich für die ungetauften Juden als Gruppe, als Teil des deutschen Volkes ein. Es blieb Einzelkämpfern (und einzeln zur Strecke Gebrachten) überlassen, diese Solidarität anzumahnen.

Am hartnäckigsten war der populäre Widerstand gegen den Kirchenkampf der Nazis dort, wo es um die Süße der alten Gewohnheiten, des alten Volksglaubens ging; etwa bei den Scharmützeln um Entfernung oder Verbleib von Kruzifixen in den Schulzimmern. In den lokalen Berichten der politischen Polizei und der Parteifunktionäre ist bei solchen Themen oft überraschende Nervosität zu spüren.

Aber der entscheidende Test entstand aus einem andern Teil des großen Plans: aus der massiven Austilgung Behinderter, vor allem behinderter Kinder. Die Aktion griff, anders als die Beseitigung der Juden, tief ins Leben des Landes ein und war mit den herkömmlichen Mitteln der Nachrichtenrepression nicht geheimzuhalten. Und so stand denn eines Tages ein massiger, sehr germanisch wirkender Bischof auf der Kanzel und erhob seine Stimme gegen diese Untat.

Graf Galen war alles andere als ein »Linker«. Er war ein national gesinnter Mann und bedauerte bis zuletzt die Schwere der deutschen Niederlage. Seine Verwurzelung im Boden seiner Münsteraner Diözese war (im Sinn des NS-Gemeinschaftsideals) geradezu vorbildlich. Und dies war auch der Grund, warum die unmißverständliche Verdammung der heidnisch-spartanischen Praxis, die feierliche Anrufung des Dekalogs nicht zu seiner Festnahme führte. Man befürchtete allen Ernstes und wohl nicht zu Unrecht eine Erhebung des zivilen Ungehorsams und eine Konfrontation vor allem mit den unbeugsamen westfälischen Bauern.

Hitler, wie wir wissen, wich zurück; es war bereits Krieg. Die Aktion wurde offiziell eingestellt. (In Wahrheit wurde sie nur umgestellt auf langsames Verhungern; aber das war leichter zu vertuschen.) Ist es vermessen anzunehmen, daß ihm bei diesem Anlaß einiges klar wurde? Und wenn es nur das eine war: die Amtskirche kam auf die Dauer nicht um ihren Auftrag herum, die Botschaft des Schutzes wehrlosen Lebens öffentlich zu verkünden. Damit geriet sie in den

Bannkreis des Majestätsverbrechens gegen die grausame Königin, wurde selbst zur Bazillenträgerin der jüdischen Epidemie. Mehr noch: *sie enthüllte sich, zusammen mit dem Judentum, als der Bazillus selbst.*

Es ist vor allem Gunnar Heimsohn, dem wir diese Einsicht verdanken. Er verfolgt die Tradition des Lebensschutzes bis ins Altertum zurück, wo die Juden bereits dadurch auffielen, daß sie auch kranke und schwache Kinder großzogen. Er ist genau genug, die Ausformung dieser Mitleids- und Lebensschutzethik, auch der Ethik der Freundschaft zu fremden Gästen, als Prozeß darzustellen; als Ausfaltung, die sich im Judentum erst mit den großen Propheten und den nachexilischen Lehrern erfolgreich durchsetzte. Und er besteht darauf, daß der Kampf Hitlers gegen diese Ethik, die er als Haupthindernis für sein Ostmordprogramm begriff, der entscheidende Grund für Auschwitz gewesen sei: um die »Software« endgültig zu löschen, habe er die Auslöschung der »Hardware«, des Trägervolks, beschlossen.

Nun, die These ist glaubwürdiger, wenn man in diese »Software« auch alle modernen Ableitungen einbezieht, die *Mein Kampf* schon so wütend denunziert: Gleichmacherei (die Würde jedes Menschen), Pazifismus (Friedfertigkeit) und den Internationalismus (die Brüderlichkeit aller Menschen). Es wurde schon dargestellt, daß Hitler so gearteten Humanismus nur als krankhaftes Produkt einer Verschwörung, eines finsteren Plans zur Zerstörung der wahrhaft starken Völker sehen wollte, der Völker, deren Lebensgrundlage das Blut und der Boden, deren historischer Daseinszweck die ständigen Kämpfe um diesen Boden sind. (So wurden ganz nebenbei auch die Zigeuner in den Genozid einbezogen.)

In dem Augenblick, wo sich Christen und sogar christliche Kirchen zu der gleichen Botschaft bekannten – notgedrungen bekannten, wenn sie nicht ihre Substanz aufgeben wollten –, in dem Augenblick gehörten sie in die Welt der Bakterien, die man ausrotten mußte. Es ist aus verschiedenen Berichten bekannt, daß Martin Bormann, der Leiter der Parteigeschäfte, der sich stets an Hitlers Seite befand, jahrelang hartnäckig den brutal-offensiven Kirchenkampf auch während des Krieges forderte. Hitler, dem es gut gelungen war, die christliche Mehrheit in Deutschland ruhig zu halten, war spätestens seit der Galen-Affäre seiner Meinung; aber er war Realist genug, nicht mitten im Krieg diese innere Front neben all den anderen Fronten zu eröffnen. Und dann, im Frühling 1945, war es zu spät.

Es blieb nichts mehr als das Testament, die Verfügung für alle Deutschen, für Führung und Gefolgschaft, den Kampf weiterzukämpfen, den Kampf für die blutige Räson der Naturgeschichte gegen die jüdisch-christliche Besserwisserei.

Für die Kirchen aber begann damit eine Zeit der trügerischen Glorie. Es kostete Zeit und Arbeit, die weniger schönen Wahrheiten dahinter freizulegen.

8 DAS GROSSE MORATORIUM

ODER Freiheit von Furcht und Not

Mit den Selbstmorden im Berliner Bunker 1945 endete das tausendjährige Reich, entschwand das große Programm.

Der treue Marschall der Königin, Adolf Hitler, hatte in den letzten Kriegswochen totale Zerstörung aller deutschen Lebensgrundlagen befohlen, um dem Alles oder Nichts der Natur gehorsam zu sein; weniger konsequente und gescheitere Gefolgsleute, vor allem Albert Speer, hatten es geschafft, diese Befehle des Völkermords am verbliebenen Deutschland abzubiegen. Und die Deutschen, mit Ausnahme von einigen Prominenten, die Hitlers und Goebbels' Beispiel folgten und Selbstmord begingen, verließen einfach die Ära und den Kontinent des mörderischen Heidentums, kehrten in die Zivilisation zurück, die sie vor zwölf Jahren verlassen hatten. Der biologische Krieg insbesondere war vorbei, man hatte es wieder mit dem alten schlampigen Humanismus zu tun, der die Sieger auf einige Grundregeln im Umgang mit den Besiegten festlegte und den man nun mit äußerster Selbstverständlichkeit von ihnen erwartete. (Daß die Sowjets, Soldaten wie Militäradministration, sich in gewissen Einzelheiten nicht daran hielten, fanden nicht nur die alten Nazis, sondern auch die alten Sozialdemokraten und Kommunisten äußerst empörend.)

Die Rückkehr vom anderen Kontinent

Ausländische Beobachter sahen dies alles ziemlich fassungslos. Der Engländer, der das massenmörderische Hamburger Polizeibataillon untersucht hat, eine Truppe von nicht allzu jungen, ganz normalen Männern, kam der Wahrheit allerdings recht nah, als er über ihr Verhalten im Kriegsverbrecherprozeß berichtete: Sie redeten völlig unbeteiligt über ihre Schandtaten, »als kämen sie von einem anderen Kontinent«.

Ist der Kontinent weit genug weg von den Signalen und Stichworten der Heimat, bricht tatsächlich das überlieferte Moralsystem zusammen, es tritt in keine Beziehung zur neuen, abenteuerlichen Wirklichkeit. Spanier in der Neuen Welt ritten aus zu einem Vergnügen, das sie »Zwölf-Apostel-Jagd« nannten; es ging für jeden einzelnen darum, möglichst rasch zwölf Indios zu hetzen und zu erledigen. Wären sie, zu Reichtum gelangt, in die heimatliche Estremadura zurückgekehrt, besteht wohl kein Zweifel, daß sie wieder höchst korrekt den Chorälen des katholischen Hochamts gelauscht hätten.

Humanismus und die Fülle der Güter

Vierhundertfünfzig Jahre später gingen die Deutschen auch wieder ins Hochamt, soweit sie Katholiken waren. Es war dies überhaupt eine fromme Zeit, nicht nur in Deutschland. Nach all den Greueln sehnte man sich nach einer heilbringenden, einer salvatorischen Formel. Es gab eine Menge neue Konvertiten; eine davon, Claire Booth Luce, die Gattin des Presse-Tycoons Henry Luce, wurde US-Gesandte in Rom und erklärte Papst Pius XII. den Katholizismus. Und in der Literatur wurde die Fackel des *Renouveau* von den französischen Altmeistern an die Angelsachsen weitergereicht, an Graham Greene, Evelyn Waugh und andere.

Aber vor allem war nun wieder Humanismus angesagt, westlicher Humanismus. Er war offensichtlich nach dem Willen der Vorsehung mit einer unerhörten Fülle der Güter verbunden. Eines der Bilder der neuen Zeit, eingeätzt in die Gemüter von Hunderttausenden deutscher Kinder und nie von ihnen vergessen, war der breit lachende schwarze GI vor dem grauen, besternten Panzer, der Kaugummi und Schokoriegel austeilte, ein Hohngelächter auf den Rassismus und eine Ahnung davon, welche Herrlichkeiten nun zu erwarten waren. Und schließlich kamen die ja auch, nach einigen formellen Ablaßjahren.

Gab es für all dies eine Programmatik, welche der paranoiden Geschlossenheit von Hitlers Generalplan entsprach? Keineswegs.

Die Megamaschine läuft an

Was ihr noch am nächsten kam, war die »Atlantic Charter«, eine gemeinsame Erklärung von Roosevelt und Churchill, die sie an Bord eine Kriegsschiffs im August 1941 formulierten. Sie proklamierte einen Frieden ohne Annexionen (Erinnerung an Wilson?), das Recht auf eine frei gewählte Regierung. Der vierte und fünfte Punkt sicherte freien Zugang zu Rohstoffen und Welthandel zu sowie volle Zusammenarbeit von allen Nationen im wirtschaftlichen Bereich. Die Carta endete mit einer Faustformel, die das Pathos der unmittelbaren Nachkriegsjahre noch lange bestimmen sollte: *freedom from fear and want* – Freiheit von Furcht und Not.

Sie ging in die Grundbestände der Vereinten Nationen ein, und was den Westen betraf, machte man sich schwungvoll an die Verwirklichung. Die reale Voraussetzung dafür war die ungeheure Maschinerie, die für die Rüstung der Alliierten angeworfen und auf Touren gebracht worden war; die weitblickende amerikanische Industrie ließ noch während des Krieges die Reklameschlacht für einen bisher noch nie dagewesenen Konsum anlaufen. Fast gleichzeitig wurden Zukunftsvisionen globaler Ausbeutung der Ressourcen verkündet, in denen der technokratische Optimismus noch keinerlei Risiken und Nebenwirkungen ins Auge faßte. Riesenbulldozer sollten das Amazonasbecken, das man für sehr fruchtbar hielt, erschließen und urbar machen. Wenige Jahre nach dem Kriegsende brach eine amerikanische Antarktisexpedition unter Admiral Byrd auf, um die Bodenschätze des sechsten Kontinents, insbesondere Uran, zu prospektieren; und triumphierend teilte man mit, daß das bißchen DDT, das Enten in ihren Gefiedern mitnahmen, genügte, um auch noch einen Nachbarsee moskitofrei zu machen – wörtlich in einem Aufwaschen. Zu all dem brauchte man kein Programm; es genügte der Leitsatz von Thomas Jefferson aus dem achtzehnten Jahrhundert, der an der Wand des südlichen Lesesaals der Kongreßbibliothek zu Washington prangt:

> *The earth belongs always to the living generation. They may manage it then and what proceeds from it as they please during their usufruct.*
>
> Die Erde gehört immer der lebenden Generation. Sie kann sie und alles, was sie hervorbringt, nach Gutdünken zu ihrem Nießbrauch verwenden.

Deutschlands wesentlichster verbliebener Teil, die Besatzungszonen der drei Westmächte, wurde in diesen Schwung einbezogen. Und die Deutschen waren gelehrige Schüler. Gewiß, es gab einigen philiströsen Widerstand gegen die anstürmende US-Massenkultur, aber sie war eigentlich die erste überhaupt, die wirklich die Chance hatte, die Massen zu durchdringen. Was viel wichtiger war: man hatte den Anschluß an die großen Seemächte des Westens gefunden und damit den Anschluß an die geographische Weite, die Hitler im Osten gesucht hatte. Das große Versprechen, das Amerika seit 1492 für Europa geworden war, wandte sich um und kehrte an die Küsten seiner Heimaten zurück. Die Angst vor der Knappheit war völlig unbegründet gewesen, das stellte sich nach wenigen Jahren des Wirtschaftswunders heraus: auf zwei Dritteln des Reichsgebiets von 1937 drängten sich nun mehr Menschen, als ganz Deutschland 1937 zählte. Und gings uns etwa schlecht? Es ging und geht uns besser denn je.

Das globale Entwicklungsprogramm

Amerika, eine Nation des Erfolgs, von hoffnungsfrohen Europäern gegründet, entschloß sich also, sein Erfolgsmodell zunächst auf Europa und dann auf die ganze Welt auszudehnen; jenen Erfolg, der in der Formel »Freiheit von Furcht und Not« und in der Jefferson-Formel zusammengefaßt war. Man bot dazu der ganzen Welt die Hand. Bei seiner Inauguration im Januar 1949 entfaltete der überraschend gewählte Harry S. Truman den Fächer amerikanischer Großmut und kündigte die globale Fortsetzung der Politik an, die mit dem Marshallplan so erfolgreich begonnen hatte. Er war noch ehrlich genug, dabei von »unterentwickelten« Nationen zu reden. (Es war schlechtes Wetter, aber er und ich, sein Zuhörer, standen im Freien.)

Was der raschen Verwirklichung zunächst im Wege stand, war natürlich der kalte Krieg. Er war nach den klassischen Regeln der Weltpolitik vermutlich unvermeidlich; zwei scheinbar gleich starke Mächte, zwischen denen es um die Welthegemonie ging. Aber er wurde verschärft und überhöht durch seinen zusätzlichen Charakter eines Religionskrieges – nicht zwischen zwei Religionen, sondern zwischen zwei Konfessionen der gleichen Religion, was mörderischer zu sein pflegt.

In Religionen geht es um Heil und Heilserwartung, in Konfessionen um den Streit darüber, wie das von beiden gleich verstandene und definierte Heil am besten zu erreichen sei. Das Heil ist im Kapitalismus wie im Marxismus gleich definiert: Fülle der Güter, Entfesselung der Produktionskräfte. Und die feindlichen Konfessionen werfen einander vor, dieses Ziel durch die Perversität ihrer Praxis grundsätzlich zu verfehlen, verfehlen zu müssen. Vielleicht war es die eigentliche Tragödie dieses Jahrhunderts, daß wegen dieser theologischen Differenz sämtliche anderen Probleme der Menschheit, einschließlich ihrer immer zweifelhafter werdenden Zukunftsfähigkeit, als zweit- und drittrangig weggeschoben wurden.

Die Dringlichkeit, die zunächst für alle sichtbar wurde, war die der Erhaltung des Friedens; denn Krieg in seinem vollen Potential, also mit Einsatz der Wasserstoffbomben, bedeutete wohl das Ende der Bedingungen für die weitere Existenz sauerstoffabhängigen Lebens und damit der Menschheit. Es ist der beste Nachweis für das Perversionspotential, das in Konfessionskriegen steckt, daß diese Möglichkeit durchaus gesehen und in Betracht gezogen, aber als

zweitrangig gegenüber dem Sieg über die Ketzerei einge-
stuft wurde. Ein deutscher Jesuitenpater in Rom hielt den
Atomkrieg mit all seinen Konsequenzen für gerechtfertigt,
wenn durch ihn Gottes Ordnung auf Erden verteidigt werden müßte; die vulgäre Formel dafür war »Lieber tot als
rot«. Man bezog großzügigerweise in diese Entscheidung all
die Milliarden Menschen ein, denen der Konfessionskrieg
gleichgültig war, die man aber nicht um ihre eigene Entscheidung fragte – schließlich ging es um Grundsätze.

Insgesamt aber, nicht zuletzt durch die mühseligen Versuche gewissenhafter Wissenschaftler, internationale und la-
gerübergreifende Diskussionsforen zu schaffen (das be-
kannteste war die sogenannte Pugwash-Konferenz), hat die
Präsenz der Bombe die Menschheit durchaus auf eine neue
Ebene des Zweifels und damit des moralischen und intellektuellen Fortschritts genötigt.

Was jedoch in den ersten Jahrzehnten nach 1945 ver-
stummte, weil es von der apokalyptischen Angst vor der
Bombe überlagert wurde, ar die Stimme der grundsätzlichen Zivilisationskritik. Daß etwa der Wohlstand der sogenannten fortschrittlichen Nationen durch ungeheure
Ressourcenverschleuderung und durch Expansion eines
weltweiten Energie- und Rohstoffimperiums erst ermöglicht wurde, blieb den Lobpreisern des Wirtschaftswunders
mit seinen Butterbergen und Massenmästereien politisch
und emotional verborgen. Die Freiheit von Furcht und Not
wurde durch Übergriff auf die Ressourcen schwächerer
Nachbarn und auf die Zukunft unserer Kinder und Enkel
erkauft.

Das Paulus-Erlebnis der Deutschen

Deutschland hatte bestimmt nichts dagegen, denn sein Anschluß an den Westen und seine Werte kam einem Paulus-
Erlebnis gleich. Es hatte sich grundsätzlich vom Weg drei
des dahingegangenen Führers ab- und den ersten und vier-
ten Wegen zugewandt, also weg von der Landnahme und
hin zu Geburtenkontrolle und Industrie- und Handelspolitik, die Hitler in *Mein Kampf* ausdrücklich als törichte und
tödliche Ketzereien verworfen hatte. Die Zivilisationskritik
der Romantik und der Naturschützer, der Jugendbewegung
und aller Arten von Lebensfrömmigkeit, einst auf deutschem Boden gedeihend wie nirgends sonst, war durch das
Dritte Reich völlig diskreditiert. Weithin galt die (historisch
irrige) Ansicht, daß diese Zivilisationskritik eine Haupt-
wurzel des Nazismus gewesen sei, daß sie zugunsten einer
schlicht rationalen, vom sozialen und ökonomischen Diskurs bestimmten Moderne abgedankt habe – oder zumindest abdanken müsse. Denn man sah ja das Urteil der Geschichte vor Augen: was Joseph Goebbels gefordert hatte,
das Ei auf dem Frühstückstisch des kleinen Mannes, der
erste und der vierte Weg in Zusammenspiel hatten es mit
Leichtigkeit ermöglicht.

Die neuen Stimmen in den USA

Es war daher ein großes Glück, daß die neuen Stimmen der
Zivilisationskritik zuerst in den USA zu hören waren. Jedermann glaubt das wichtige Datum zu kennen: 1962, das
Jahr, in dem Rachel Carsons Buch *Der stumme Frühling* erschien. Ihren entscheidenden Adrenalinstoß erhielt die
neue Bewegung aber erst durch ein äußerst politisches und

linkes Ereignis: den Vietnamprotest der radikalen Studenten.

Das Stichwort dafür war »Agent Orange«. Dieses im Vietnamkrieg angewandte Entlaubungsprogramm mittels einer chemischen Substanz, die von Flugzeugen abgeregnet wurde, hat am Mekong entsetzliche Verheerungen angerichtet; nicht nur in der Vegetation, die man ja entfernen wollte, um dem Vietcong die Deckung zu rauben, sondern auch in der genetischen Substanz menschlicher Generationen bis in unsere Tage. Ein faszinierender Wechsel der Perspektive für den pazifistischen Protest, oder vielmehr eine faszinierende Erweiterung der Protestperspektive entstand. Hatte bisher allein der satanische Skandal der Atombombe gezählt, so weitete sich nun der Blick, erkannte die Gesamtheit der wissenschaftlich-technischen Hochrüstung als die sündige Folge dessen, was man nun die »Megamaschine« nannte – ein Etikett, das die studentische Linke von dem zutiefst konservativen Denker Lewis Mumford übernahm.

Die Megamaschine – sie lief von Jahr zu Jahr mit höheren Umdrehungen, erfüllte nicht nur alle Versprechungen des Hoffnungsjahrs 1945, sondern riß immer gewaltigere Mengen von Stoffen und Energien in ihren Schlund. Es bedurfte nur eines kurzen Übersprungs des Erkenntnisfunkens, um den Rebellen gegen das vietnamesische Abenteuer eines klarzumachen: Agent Orange und militärisch-industrielle Großproduktion waren ein und dasselbe, so, wie die Höllenbombe und die sogenannte friedliche Nutzung des Atoms ein und dasselbe waren. Die Logik der Ökopax-Bewegung war geboren.

Die europäische Verzögerung

In Europa dauerte das etwas länger. Die Bundesrepublik sah zwar eine respektable Bewegung gegen die atomare Bewaffnung der Bundeswehr in den sechziger Jahren; aber sie war eher die letzte Lebensäußerung eines Antimilitarismus aus eigener Erfahrung, den die Überlebenden aus den Schlachten und Bombennächten heimgebracht hatten. Grundsätzlicher Widerstand gegen die scientistisch-industrielle Entwicklung war das nicht; die SPD und die ihr nahestehenden Persönlichkeiten legten höchsten Wert darauf, den Protest nicht unreinlich mit einer Verteufelung des friedlichen Atomprogramms, des *Atoms for Peace*, zu vermischen. Man betonte im Gegenteil, daß diese Himmelsmacht, diese rosarote Verheißung unbegrenzter Energie, viel zu gut sei, um in eine Höllenbombe eingesperrt und zu Vernichtungszwecken verwendet zu werden. Um diesen Standpunkt zu vertreten, gründete man eine periodische Zeitschrift namens *Atomzeitalter*, auf deren Titelumschlag wahrhaftig rosa Kühltürme prangten.

Das war in den sechziger Jahren gewesen; in den Jahren also, in denen das große Moratorium noch in Saft und Blüte stand, in denen kein Mensch die Jefferson-Maxime vom Nießbrauch der gegenwärtigen Generation in Frage stellte; wo auch der linksintellektuelle Dissens noch blind an eine unfehlbare und unteilbare Wissenschaft glaubte. Wenn sich Unbehagen am Zustand der politisch-wirtschaftlichen Dinge äußerte, lief es in der Regel auf die Forderung hinaus, die Experten mehr zu befragen, dem Sachverstand mehr Gewicht zu geben, mehr Geld und mehr Interesse für Forschung und Entwicklung aufzubringen. Trotz oder vielmehr wegen dieser systemimmanenten Kritik schob sich die

Großwirtschaft nach vorn, bestimmte die Themen der Politik, soweit diese nicht in den Schlagworten und Gegenschlagworten des kalten Krieges steckenblieb. Und das große deutsche Paulus-Erlebnis erlaubte jedenfalls kein grundsätzliches Mißtrauen, das an Überwundenes (so, wie man es verstand) erinnern mochte.

Das Signaljahr 1968

Unter solchen Voraussetzungen brachte das Signaljahr 1968 in Europa zunächst keinen zivilisationskritischen Erkenntnissprung. Dies hatte zwei Gründe: die Fixierung der kontinental-europäischen APO auf den theoretischen Marxismus, wie man ihn als lupenrein und unbefleckt von realsozialistischer Praxis verstand, und die geographische Nähe des Ostblocks.

Zum ersten: die straffsten APO-Kader waren Schulmeistermarxisten und hingen immer noch, wenn auch mit wachsendem Bauchgrimmen, am Dogma von der Entfesselung der Produktivkräfte, das ihre Konfession mit der des Klassenfeindes teilte. Sie verstanden ihre Opposition in erster Linie als Opposition gegen den Kapitalismus, die wachsenden Gefahren für die Lebenswelt als eine seiner spezifischen Folgelasten. Es fiel ihnen furchtbar schwer zu glauben, daß kommunistische Atomreaktoren genauso gefährlich sein könnten wie kapitalistische. (Wie sich später herausstellte, waren sie sogar ein bißchen gefährlicher – was der westlichen Kernenergielobby heute noch ein unverdientes Qualitätsargument verschafft.)

Das Wetterleuchten vom Ende des Konfessionskriegs

Wichtiger war vielleicht das emotionalste europäische Ereignis von 1968, der »Prager Frühling«, der die Aussicht auf einen Kommunismus mit menschlichem Antlitz zu eröffnen schien. Zwar wurde er von russisch-preußischer Bruderhilfe niedergetreten, aber im Grunde war er der Anfang vom Ende des realsozialistischen Blocks (wenn man diesen Anfang nicht schon auf den polnischen und ungarischen Oktober von 1956 datieren will). Er wurde darüber hinaus europäisch wirksam; tschechische Emigranten belebten die Grundsatzdiskussion und brachten ihrerseits wachstumskritische westliche Ideen »drüben« in Umlauf.

Ölkrise und Grenzen des Wachstums

Die engste Annäherung an die biosphärische Realität erlebte das neue politische Bewußtsein wohl in den Jahren 1971 bis 1973: Es erschien der Club-of-Rome-Bericht *Grenzen des Wachstums*; 1972 fand der erste internationale Umweltkongreß in Stockholm statt, auf dem unerhörte (und in ihrer Kühnheit nie mehr erreichte) Vorschläge gemacht wurden; und 1973 brach der große Ölboykott der arabischen Staaten aus. Der damals wie heute schändlich unterschätzte Präsident Carter gab die Studie *Global 2000* in Auftrag, den bisher umfassendsten Versuch einer systematischen ökonomisch-ökologischen Prognostik. In Deutschland gelang es Willy Brandt, die aufbrandende Ökopax-Bewegung in der SPD zu halten, die zu dieser Zeit über beachtliche Vordenker verfügte und die fruchtbarsten Programmvorschläge zur Nachhaltigkeitsfrage machte. Allgemein wuchs das Bewußtsein, daß es nicht länger angeht, das Floß aufzufressen, auf dem die Menschheit durch die Geschichte schwimmt.

Die helmutianische Dynastie und der große Kommunikator

Nun, das hielt nicht an. Das Jahr 1974 brachte den Sturz der Regierung Brandt und die Kanzlerschaft von Helmut Schmidt, der die helmutianische Ära deutscher Industriepolitik bis zum Ende des Jahrtausends einleitete. Die Ökopax-Dissidenz eiterte aus der SPD aus, alliierte sich mit lang vernachlässigten Randgruppen der bundesdeutschen Gesellschaft, was sie einigermaßen flott über die ersten Hürden der Parteiwerdung trug.

Dies ist für unser Thema sehr wichtig. Es bedeutet, daß die romantisch-rückwärtsgewandte, alte Zivilisationskritik, die eng mit einer Mystik des Blutes und des Bodens verbunden war und, auf seltsamen Umwegen, den Linzer Realschüler an den stählernen Busen der grausamen Königin geführt hatte, mit den neuen sozialen Bewegungen unvereinbar war und ist, jedenfalls vorläufig. Im Gegenteil, die Grünen hatten von vornherein einen linken Stallgeruch, verströmten von Anfang an die Aromen linker Radikalität, rochen weder nach Blut noch nach Boden, sondern eher nach Joints und Feminismus. Sicher, es gab anfängliche Versuche, Kontinuität zur alten bitteren Zivilisationskritik herzustellen; sie sind (bis auf einige Anfangsschwierigkeiten) erfolglos geblieben.

Erfolglos und ohne praktische Weiterungen sind aber auch die Ansätze der siebziger Jahre geblieben. Endgültig wurde die Herrschaft der Megamaschine wieder in den USA gesichert, durch die Abwahl Carters und den Herrschaftsbeginn des großen Kommunikators aus Hollywood,

Ronald Reagan. Er war die lebende Verkörperung des zeitgenössischen Kernsatzes, daß das Medium die Botschaft ist, und dieser Kernsatz wurde fortan bestimmend für alle Wahlkämpfe. Das war eine ideale Voraussetzung dafür, daß das Problem der Nachhaltigkeit zusammen mit dem Bericht *Global 2000* in die staubigste Schublade des Vergessens geschoben wurde. Die Schätze der Erde waren wieder, nach guter alter Pioniermanier, der gegenwärtigen Generation zu voller Nutznießung übergeben, und das Bruttosozialprodukt wurde wieder der alleinige Maßstab des wirtschaftlichen wie des politischen Erfolgs.

Der Zusammenbruch der realsozialistischen Konfession

Verstärkt und beschleunigt wurde diese Entwicklung durch das Ende des Konfessionskriegs, den Kollaps der UdSSR und ihrer Ordnung. In den Ruinenlücken wurden Abgründe von Hilflosigkeit und Verlogenheit der versteinerten Politbüros und Nomenklaturen sichtbar; die Überlebenden des Desasters wurden naß und zitternd an Deck der *Capitalist Enterprise* gehievt, und die hungrigsten Wissenschaftler und die schamlosesten Milliardäre der Welt gibt es heute in Rußland. Der Neoliberalismus besetzte sämtliche Signaltürme des Globus, von ihnen plärrt seitdem eintönig-triumphal der Papageienruf »Deregulierung, Deregulierung, Deregulierung ...«

Politiker wie Al Gore oder Oskar Lafontaine, die der künftigen Bewohnbarkeit des Planeten immerhin einige kluge Gedanken gewidmet hatten, werden vom Papageiengeschrei verschlungen. Sobald sie in den tagespolitischen Ringkampf geraten, hängen sie ihre ehemaligen Öko-Fans irgendwo zwischen den Lobbytüren und den Mikrophonen

der Wahlkongresse ab. Und die alte bewußtlose Parole
»Bruttosozialprodukt« verkommt zum *shareholder value*
und zum halbjährigen Femegericht der Finanzabteilungen
über die Profitsumme unterm Bilanzstrich.

Gefangen im Basar

Innerhalb des europäisch-atlantischen Schicksalskreises jedenfalls kann und darf von der Gattungsfrage keine Rede
mehr sein. Im Gegenteil, wir sind restlos angebots- und au-
genblicksorientiert, umgeben von einem stetig tobenden
audiovisuellen Basar, den man vornehm *PR* oder *Marketing*
nennt, und der keinen anderen Sinn hat, als den Umsatz
und damit die Stoff- und Energieströme zu verdichten, die
merkwürdigerweise immer gewaltiger werden müssen, um
an die Freiheit von Furcht und Not heranzukommen.
Selbst wenn man nur die schüchternsten Nachhaltigkeits-
Kriterien anwendet, enthüllt sich die wirklich unfaßliche,
selbstmöderische Unlogik des ganzen Betriebs.

Der Einfluß auf das Niveau der politischen und gesellschaftlichen Debatte war und ist mörderisch. Ein grollender
Amerikaner hat einmal bemerkt, die größte Schuld der Ad-
ministrationen Reagans sei es, die Nation beträchtlich düm-
mer zurückgelassen zu haben, als er sie vorfand. Ähnliches
gilt für die Regierungszeit Helmut Kohls. Sein Vorgänger
Helmut Schmidt war noch aufrichtig genug, zuzugeben,
daß er die Nachhaltigkeits-, also die Gattungsfrage politisch
aufgegeben habe, weil er sie für unlösbar halte. Unter der
konservativ-liberalen Regierung wird sie nicht einmal mehr
erwähnt, und seit 1989 gleichen Wahlkämpfe den aufgereg-
ten Kommentaren von Sportreportern über die jeweilige Pa-
pierform der Stürmer und Liberos in der Fußballbundes-

liga. Die Nation wendet sich denn auch folgerichtig von der Politik ab und dem Fußball zu. Wahrheiten, die jenseits dieses Populärbetriebs liegen, werden nicht mehr erörtert.

Die Maus und der Falke

Es lohnt sich vielleicht, hier eines frühen Propheten zu gedenken, des amerikanischen Försters und Philosophen Aldo Leopold, der 1948 starb. Sein Lebensgefühl beschreibt er so: »Einer der Preise, die man für eine ökologische Erziehung zahlt, ist es, allein zu sein in einer Welt voller Wunden.« 1949 wurden seine vermischten Schriften unter dem Titel *A Sand County Almanach* veröffentlicht und sind heute ein Kultbuch. Leise und ironisch gibt er darin seinen Kommentar zum Schlagwort der Nachkriegszeit, das ihn, damals noch völlig unbestritten und unbestreitbar, überdröhnte:

> Die Maus ist eine nüchterne Person, die weiß, daß das Gras zu dem Zwecke wächst, daß Mäuse es in unterirdischen Mieten stapeln können, und daß Schnee fällt, damit Mäuse Tunnels von Miete zu Miete bauen können. Angebot, Nachfrage und Transport: alles sauber organisiert. Für die Maus bedeutet Schnee die Freiheit von Furcht und Not.
>
> Ein langbeiniger Falke kommt über die Wiese gesegelt. Nun stoppt er wie ein Eisvogel, stürzt wie eine gefiederte Bombe ins Marschland. Er steigt nicht wieder auf, und so bin ich sicher, daß er eine nervöse Ingenieursmaus gefangen hat und auffrißt, welche die Nacht nicht abwarten konnte, um die Schäden zu inspizieren, die das Tauwetter ihrer wohlgeordneten Welt angetan hat.

Den Langbeinigen kümmert es nicht, warum Gras wächst, aber er weiß genau, daß der Schnee taut, damit Falken wieder Mäuse fangen können. Er kam aus der Arktis in der Hoffnung auf Tauwetter, denn für ihn bedeutet das Tauen die Freiheit von Furcht und Not.

Da ist sie wieder, die Königin aller Weisheit. Ist sie so grausam, so mörderisch, wie Hitler sie beschrieben und verehrt hatte? Eines steht jedenfalls fest: es ist nötig, mit ihr auszukommen.

9 RÜCKSTÄNDE

ODER Er bleibt populär

Die Königin kam so schnell nicht wieder. Aber es war logisch, daß nach den Jahren faschistisch-hitlerischer Weltkatastrophe giftiges Schwemmgut, finster strahlende Rückstände über weite Regionen der Welt und des Zeitgeistes verstreut bleiben würden.

Ich war darauf nicht unvorbereitet. Im Herbst 1944 arbeitete ich als Kriegsgefangener auf einem Baumwollfeld in Arkansas. Unsere Kompanie wurde durch mexikanische Wanderarbeiter ergänzt, die viel schneller pflückten als wir; eine bunte Truppe, die in und um die verwitternden und verlassenen Bretterhütten der Schwarzen lagerte (letztere hatten sich in Richtung Armee oder Kriegsindustrie abgesetzt). Von den schnauzbärtigen Latinos konnte man die Lieder lernen, die zwanzig Jahre später auf den deutschen Hitlisten auftauchten: Mariachi-Schnulzen, Lieder auch aus den heroischen Pancho-Villa-Beständen. Und wenn sie in ihren urtümlichen hochbordigen Lastwagen an uns vorbeifuhren, hoben sie den rechten Arm und riefen fröhlich: »Heil Hitler!« Er würde also, wußte ich da, noch eine Weile populär bleiben.

In Europa, vor allem in Teilen Osteuropas, gingen der Krieg und das Morden ohnehin noch ein paar Jahre weiter. Es gab erbitterte Kämpfe um die Pripjatsümpfe und in der Gegend des Dreiländerecks Polen – Slowakei – Ukraine, bei denen noch deutsche Staatsoffiziere mitwirkten und der amerikanische Geheimdienst im Hintergrund stand. Die

Nazis hatten eine Menge Helfer aus den uralten Stammesfehden der Region rekrutiert: Esten, Letten, Litauer, Ukrainer, weiße Kosaken, denen angesichts der Perspektive einer Kapitulation vor den Sowjets kaum etwas anderes als der Kampf bis fünf Minuten nach zwölf übrigblieb. An der jugoslawisch-griechischen Grenze tobte der Bürgerkrieg, der erst nach nach Titos Bannung durch Stalin verglomm.

Das Werk des Herrn wird fortgesetzt

Auch der mordbereite Antisemitismus, aus alten Traditionen gespeist und etwa in der Slowakei und in Kroatien dienstwillig für Hitler tätig, bereitete in Polen nach der Befreiung noch Tausenden von jüdischen KZ-Heimkehrern das Ende. Stalins geplantes Riesenpogrom an den Juden, durch eine erfundene Verschwörung der Ärzte eingeleitet, wurde durch den Tod des Diktators verhindert. Aber einen neuen, schärferen Akzent erhielt der Judenhaß durch die Ereignisse im Nahen Osten: die Errichtung des Staates Israel, mit Flucht und Vertreibung der arabischen Palästinenser.

Der örtliche Krieg im Heiligen Land hatte schon unter dem britischen Mandat vor dem Zweiten Weltkrieg eingesetzt und ging auf den doppelzüngigen Umgang der Engländer mit Juden und Arabern zurück. Es gelang dadurch, zwei Kulturen, deren gegenseitige Toleranz durch Jahrhunderte der Welt unermeßliche Kulturgüter geschenkt hatte, zu Todfeinden zu machen. Da die Araber zunächst hoffnungslos unterlegen waren, wurde ihre Feindschaft entsprechend mörderischer. Seitdem kennt der deutsche Reisende den Urtypus des arabischen Taxichauffeurs in Tunis, Beirut und Damaskus, dem Rommel eine Pistole geschenkt hat und der die Deutschen als das Volk Beckenbauers, Hitlers und Eichmanns preist, höchstens mit dem Vorwurf verbunden, daß die beiden letzteren nicht gründlich genug gearbeitet hätten. Noch vor wenigen Jahren erschien in einem christlichen libanesischen Verlag eine arabische Übersetzung von *Mein Kampf*, mit einer wohlwollenden »wissenschaftlichen« Einführung. Und es läßt sich denken, was der arabische Leser fühlt, wenn er den Satz liest: »Indem ich mich des Juden erwehre, tue ich das Werk des Herrn.« An Hitlers Allvater oder seine grausame Königin denkt er sicher nicht, wohl aber an den fundamentalistischen Allah, den Gott der rechtgläubigen Schlachten.

Die Liebe zum Verächter

All dies ist recht unerfreulich, doch einigermaßen logisch. Schwerer zu beantworten ist die Frage nach der Attraktivität der Hitlergestalt für die mexikanischen Campesinos auf den Baumwollfeldern, für Gelbe und Schwarze und Mestizen, für die Mulatten in Panama, deren Mofas mit Hakenkreuzen geschmückt waren, kurz, für weite Teile der sogenannten Dritten Welt. Wußten und wissen sie nicht, daß ihnen Hitler die Rolle des Lasttiers, des demütigen Sklaven der nordischen Herrenvölker zugedacht hatte, daß er ihnen nie eine herrscherliche oder auch nur menschenwürdige Rolle im Weltspiel der Macht zugestanden hätte? Was halten und haben sie von einer Herrenmenschenmetaphysik, die ihnen nur das bescheiden-dumpfe Überleben der Hörigen zuwies?

Hier wird die grundsätzliche Widersprüchlichkeit und damit die mögliche Stärke der Hitlerformel sichtbar. Erst kürzlich hat ein französisch-jüdischer Denker, Alain Finkielkraut, sich selbst und den Zeitgenossen die entscheidende Frage vorgelegt. Er tat dies anläßlich des französischen Prozesses gegen den Lyoner Folterer Klaus Barbie, in dem ein vietnamesischer Mischling, der es bis zum juristischen Maître in Frankreich gebracht hatte und offensichtlich ein sehr intelligenter Mann ist, die Verteidigung übernahm, und zwar mit sichtbarem Elan und sichtbarer Freude an den Verlegenheiten der französischen Offizialität mit ihren Vichy-Skeletten im Keller. Finkielkraut fragte: »Wie kommt es, daß Barbie von so vielen Menschen unterstützt wurde und wird, die nach Hitlers Rassentheorie von den Nazis nur übelste Repression, wenn nichts Schlimmeres, zu erwarten hatten?«

Barbie war nach 1944/45 zunächst vom amerikanischen Geheimdienst verwendet worden, der ihn vor der Strafverfolgung schützte. Dann ging er nach Südamerika, wo er zum obersten Sicherheitsberater einer bolivianischen Militärjunta avancierte. In all diesen Rollen stieß er immer wieder auf das Wohlwollen von *amigos*, von örtlichen und regionalen Mächtigen, die überzeugt waren, die Welt besser zu verstehen als seine naiven, auf Menschenrechte und Menschenwürde getrimmten Verfolger.

Das sind Stimmungen und Verhältnisse, die wir uns genauer ansehen sollten.

Die weißen Imperien

Diese Stimmungen haben eines gemeinsam: es sind die Gefühle von Menschen, die sich seit Jahrhunderten von den weißen Imperien unterdrückt wissen. Unsere Welt des großen Moratoriums, der Freiheit von Furcht und Not, geht sie nichts an; sie trauen ihr keinen Meter weit, weil sie auf den Knochenfundamenten der farbigen Völker ruht. Unser Gerede über Menschenrechte empfinden sie als eklatante Heuchelei; was den Juden angetan wurde, so erklären sie, sind seit jeher die üblichen Herrenmethoden der Weißen auf vier Kontinenten. Ein hochgebildeter Schwarzer von den westindischen Inseln drückte mir seine Verwunderung darüber aus, daß über Auschwitz die Millionen Afrikaner vergessen würden, welche den Sklaventransport nach Amerika nicht überlebten oder bei der Annäherung von Kriegsschiffen einfach ins Meer geworfen worden waren. Mit anderen Worten: er sah die Shoah-Debatte als ein weißes, herrschaftliches Binnenproblem, das es uns ermöglicht, den Juden ein Mitleids- und uns ein Entrüstungsmonopol zuzusprechen.

Solche Argumente sind fast unerträglich, begreiflich sind sie aber. Daß Hitler, hätte er Kolonien errungen, um keinen Deut anders, bestimmt schlimmer gehandelt hätte, bleibt im Konjunktiv; aber fünfhundert Jahre spanischen, portugiesischen, britischen, französischen und amerikanischen Imperialismus haben die farbigen Völker erlebt. Und immerhin lieferte ihnen Hitler die kleine Genugtuung, daß er ihre Herrscher in arge Bedrängnis brachte. (Was wußten meine Campesinos auf den Baumwollfeldern von Hitler? Sie wußten, daß er den Yanquís einen unangenehmen Krieg aufgezwungen hatte, und sie begriffen wohl auch die Ironie, die uns, die Herrenvolkaspiranten, und sie, die von der Historie ewig Betrogenen, für die Primärproduktion des Feindes zusammenführte – heil Hitler.)

Natürlich treten auch ältere, ja atavistische Gründe hinzu; Gründe aus den Zeiten noch vor der Barbarei, in ganz alten Welten daheim. Man haßt das Fremde, das man nicht riechen kann, im Wortsinne nicht. Fremde Duftmarken sind eine Wahrnehmung aus dem Reptiliengehirn; so begründen zum Beispiel Kroaten ihre Abneigung gegen bosnische Serben, die nach dem Zweiten Weltkrieg in der Vojwodina angesiedelt wurden. Das Zusammenleben der Völker und Clans verläuft nach wie vor nach dem Schema des Kampfes um die Wasserstelle, oder jedenfalls nach dem Gesetz der stärkeren Muskeln und des wahrnehmbaren Angstschweißes.

Ein kleiner Irrtum wird korrigiert

Interessanter (und zunächst weniger verständlich) ist die Frage nach der Attraktivität der Hitler-Gestalt für schwarze Revolutionäre, für mittelamerikanische Líderes, für ostasiatische Marschälle, kurz, für intellektuelle und Führungsfiguren der sogenannten Dritten Welt.

Der vietnamesische Marschall Ky, eine Marionette des Pentagons, nannte Hitler offen sein Vorbild. Kwame Nkrumah, der erste schwarze Staatschef des in die Unabhängigkeit entlassenen Ghana, hatte *Mein Kampf* als Lektüre auf dem Nachttisch liegen. Was fühlte der schwarze Staatsmann, wenn er im Schein der Nachttischlampe nach der Programmschrift des »Führers« griff? Was dachte er sich, wenn er die wütenden Passagen über die schwarzen Halbaffen las, die man zu Professoren oder Pastoren dressiert hat, um die jüdische Doktrin von der Gleichheit aller Menschen zu stützen? Wußte er nicht, daß Hitler, wenn er überhaupt eine globalpolitische Theorie hatte, den Schwarzen nie eine andere Rolle als die des Lasttiers zugestanden hätte? Was tat der Leser mit solcher Herrenmoral? Mußte ihn, einen schwarzen Staatschef, das nicht abstoßen?

So paradox das klingt, dazu war er wohl zu gescheit und zu engagiert. Als Schwarzafrikaner, der eben die Befreiung vom britischen Kolonialjoch erkämpft hatte, war er sicher davon überzeugt, daß dieser Hitler im fernen Europa sich zwar aufgrund seiner kulturellen Fixierung in der Identität der Herrenrasse getäuscht, aber die grundsätzlichen Strukturen des Weltganges freigelegt hatte. Jedem schwarzen Freiheitskämpfer wie Nkrumah, der gegen alle Wahrscheinlichkeit, nach Jahren im Gefängnis der Kolonialmacht, die Unabhängigkeit seines Landes ertrotzt hatte, war wohl klar, daß die Herrenrasse nicht diese ausgelaugten Bleichgesichter, sondern nur die Menschen der Zukunft, eben die Schwarzafrikaner, sein können.

Das heißt nichts anderes, als daß dieser Ghanaer und nach ihm der vietnamesische Luftmarschall und vermutlich so mancher andere Staatsmann der Dritten Welt auf den eigentlichen, ihnen sofort dienstbaren Kern der Hitler-Botschaft gestoßen sind: *Das Subjekt Herrenrasse ist auswechselbar. Wem es gelingt, die Herrschaft zu erringen, der bestätigt das aristokratische Prinzip, das Prinzip der darwinistischen Auswahl, das Prinzip der grausamen Königin aller Weisheit. Der setzt darüber hinaus das uralte Gesetz der Barbarei wieder in Kraft: die »anderen« sind nicht von vornherein Menschen, nicht die Teilhaber am aristokratischen Subjekt.*

Auf dieser Grundlage nahm man an der großen Selektion

teil, man bejahte das aristokratische Prinzip der weisen Königin.

In die Steinzeit und zurück

Unter diesem Prinzip traten neue Staaten und uralte Völkerschaften erneut in die Geschichte ein. Unterhalb und innerhalb der großen Konfrontation des west-östlichen Konfessionskrieges schwangen und schwingen seitdem die Pendelschläge der Barbarei, der Folterregime und der offiziellen wie inoffiziellen Massaker in die Steinzeit aus und wieder ins zwanzigste Jahrhundert zurück.

Staaten, Staatsmänner, Rebellenchefs bekannten sich zum Kommunismus oder dagegen – das will nicht viel besagen. Die Doktrin führte kaum zu etwas anderem als zu einer stalinistischen oder maoistischen Ausformung des Kaderprinzips, also zu einer absoluten Herrscherklasse. Der Abstand zum Faschismus, ja zum Hitlerismus war damit reichlich zusammengeschrumpft. Und so veranstalteten denn auch der äthiopische Derg, die chinesische Viererbande, der kambodschanische Angkar die fürchterlichsten Genozide und Ethnozide, manche, wie besonders die Roten Khmer, unter offen formulierten Gesichtspunkten der biopolitischen Nachhaltigkeit.

Auf der scheinbaren Gegenseite, in Mittel- und Südamerika, herrschte lange und von den Realpolitikern der USA als Verbündete unterstützt ein höchst folterfreudiger Faschismus, gut ausgebildet und ausgerüstet, von Meistern des Faches unterwiesen und betrieben. Die Wunden dieser Ära sind noch lange nicht geheilt, und die Mörder laufen frei herum, ja sitzen noch in den Regierungen oder wie Pinochet im chilenischen Senat. (Nebenbei sei erwähnt: diese

Regimes produzierten mehr christliche Märtyrer als sechzig Jahre Sowjet-Repression; Rom ist nur nicht gewillt oder nicht imstande, sie formell als solche anzuerkennen.)

Besondere Formen des Mordens entwickeln religiöse Fundamentalismen, beileibe nicht nur der muslimische. Der Anspruch auf das Recht zu tödlicher Selektion entsteht in dem Augenblick, wo man sich hundertprozentig auf der Seite Gottes weiß.

Allen diesen Formen der Barbarei ist es nicht vergönnt, auf die Stufe wirklicher Perfektion, straffer Organisiation zu gelangen; über kurz oder lang kehrt man zu Steinzeit-methoden und menschheitsalten Gründen, wie dem fal-schen Geruch, zu Messer und Axt und Knüppel zurück. Und diese Urmethoden sind recht effektiv: in Ruanda eine halbe Million Tote in drei Monaten, etliche Zehntausende in Algerien, vielleicht ebenso viele in den Schluchten Bosniens. Ja, an Fülle, Heftigkeit und Diversifizierung der Barbarei konnte und kann sich die Menschheit nach dem Zweiten Weltkrieg wahrhaftig gewöhnen. Quantitativ wie qualitativ bekamen und bekommen wir schon hinreichend Schreckli-ches geboten.

Es liegt also genug giftiger und radioaktiver Sondermüll in der Welt herum, der für einen wiedererstehenden Hitleris-mus verwendbar sein könnte. Aber nirgends erreicht er die technische Perfektion und vor allem die theoretische Ge-schlossenheit der Hitler-Metaphysik, und überall fehlt die notwendige Machtbasis, die ja schon für Hitler zu schmal gewesen war. In seinen Worten: die grausame Königin hat gegen ihn entschieden. Und es war und ist bisher keine Macht sichtbar geworden, die es auch nur entfernt wagen könnte, die große Wette von 1933 bis 1945 zu wiederholen.

Wie steht es jedoch um die alten europäischen Kernländer, um Frankreich und insbesondere um Deutschland? Sind, um Bertolt Brecht zu zitieren, die Schöße fruchtbar noch, aus denen dies kroch?

Der Folterknecht

Nachweislich, da seit Jahren konstant, gibt es in Frankreich ein Potential von fünfzehn Prozent für einen antirechtsstaatlichen Rechtsextremismus, der in der Bewegung »Front National« organisiert ist. Ihr entscheidender Vorteil gegenüber den deutschen Neonazis ist, daß sie von einem politisch begabten Ellbogentyp geführt wird, der ihr Profil auf einen Blick erkennbar macht. Le Pen ist ein wackerer unbußfertiger Folterknecht; er hält Auschwitz für ein »historisches Detail des Zweiten Weltkriegs«, und der Kern seiner Botschaft ist es, möglichst viele Ausländer (meist Nordafrikaner) so bald und so gründlich wie möglich abzuschieben. Aber auch Antisemitismus ist in den Reihen des Front National hinlänglich vertreten. Mit weiten Teilen der »anständigen« französischen Rechten teilt die Bewegung alte und neue politische und soziale, ja religiöse Kränkungen: Nostalgie herrscht nach dem guten alten Frankreich (was immer das war); man will wieder »unter sich sein«, und man ist sich einig in der Abneigung, ja der Feindschaft gegen die gleichmacherischen Dogmen der Linken und ihre lasche Polizeipraxis. Da besteht auch durchaus Tuchfühlung mit der Rechten des französischen Katholizismus; wie bekannt, reichten die Beziehungen zu Erzbischof Lefèbvre, der die Konzilsbeschlüsse des Vaticanum II für Verrat hielt, aus, damit er für einen Kongreß der Le Pen-Partei eine Meßfeier nach dem alten tridentinischen Ritus zelebrierte.

Die Situation erinnert stark an das bayerische Szenario in

den frühen zwanziger Jahren. Die Hauptgefahr, die vom Front National ausgeht, ist (wie seinerzeit in München) die Osmose der Gefühle zwischen der faschistischen und der »anständigen« Rechten, die von den gemeinsamen Kränkungen herrührt. Nach der letzten großen Niederlage der »legitimen« Rechten bei den Kommunal- und Regionalwahlen 1998 gelang es dem gaullistischen Staatspräsidenten nicht mehr, seine Parteigenossen in den Provinzen auf strikte Abgrenzung gegen Le Pen zu vereidigen, Abgrenzung auch um den Preis der Niederlage bei Personalabstimmungen. Da schlug vielerorts nicht nur der Machthunger durch, sondern auch die gemeinsamen Gefühle, die gemeinsame »Idee von Frankreich«, wie einer der Gehorsamsverweigerer es formulierte. Es wird sich zeigen, ob diese Desintegration der »anständigen« Rechten fortschreitet.

Nicht vergessen werden darf das relativ hohe Niveau neofaschistischer und faschismusnaher Diskussionsbeiträge in Frankreich, das sich seit Jahrzehnten seine eigenen Organe und Foren geschaffen hat. (So war das schon in den zwanziger und dreißiger Jahren gewesen: Literaten vom Format eines Céline, und vorher eines Charles Maurras oder eines Maurice Barrès, hatte weder Italiens noch Deutschlands Faschismus aufzuweisen.)

Aber nicht nur das unterscheidet die Lage in Deutschland von der in Frankreich.

Die Glatzköpfe

Es ist evident, daß der Neonazismus, der in irgendeiner Form seit der Adenauerzeit weiterglomm, mehr noch als Le Pen und der neue Salonfaschismus in Italien vom Ende des ökonomistischen Konfessionskriegs, vom Kollaps des realsozialistischen Blocks und der gleichzeitigen Selbstentmannung des westeuropäischen Marxismus profitierte. Eine Menge der Kränkungen, die bislang der Kraftstoff der linken Massenbasis gewesen waren, verlagerten nun ihre Energien ins rechtsradikale Feld. Dazu kam die sogenannte Vereinigung Deutschlands, die, von der jüngsten westdeutschen Geschichte her gesehen, nichts anderes war (vielleicht nichts anderes sein konnte) als ein Anschluß der DDR an die mächtige kapitalistische Westrepublik. Er erwischte alle, aber insbesondere die Deutschen der DDR, in dem historischen Augenblick, wo der Neokapitalismus in seine jüngste, wahrhaft unmenschliche Phase überging. Auf eine lange Zeit, deren Ende noch nicht absehbar ist, bannte er eine Gesellschaft, die über sechzig Jahre lang ohne demokratische Praxis gelebt hatte, in eine Art von deutschem Mezzogiorno-Zustand. Die Deutsche Mark, jahrzehntelang eine Sonnenaufgangsverheißung für die Menschen hinter der Mauer, wurde trotz des Geldumtauschverhältnisses von eins zu eins zum Hundsstern, der statt der versprochenen blühenden Landschaften eine Wüste der Perspektivlosigkeit schuf.

Das Finsterste unter diesem Hundsstern ist das Aufflammen des terroristischen Aktionismus. Seine Träger, die Glatzköpfe mit den Springerstiefeln, sind für irgendwelche gescheiten oder auch nur normalen Argumente nicht zugänglich, aber bestimmen vielerorts das Klima selbst in den Mittelschulen. Und irgendwie wissen sie schon, wo es langgehen soll; neben der Mordbrennerei mit Molotow-Cocktails erschlagen sie Schwarze und schmeißen Behinderte über Rolltreppen hinunter – Fremdenhaß plus Eugenik, frisch aus dem Zeughaus der grausamen Königin.

Mit diesen Methoden haben sie »befreite Zonen« geschaffen: Straßen, Stadtviertel, ja, wie man hört, ganze Kleinstädte. In ihnen darf es nur noch stoppelblond, bierig und hakenkreuzlerisch zugehen; polnisch, negroid oder behindert ist ebenso *out* wie Immanuel Kant. Der Erwachsenenschwarm, einschließlich vieler geknickter Pädagogen und anderer ratloser Linksliberaler, ist weitgehend hilflos; man schwimmt wieder, wie in der Weimarer Zeit, in gänzlich unvertrauten, kalten und trüben Gewässern. Aber das gilt natürlich nicht nur für die einstige DDR, sondern auch für weite geographische und emotionale Landstriche der alten Bundesländer.

Für jedes deutsche Verantwortungsgefühl, das noch einen Schuß Pulver wert ist, ist das alles schlechthin fürchterlich. Alles, was geschehen kann, muß geschehen, um diese Zustände zu ändern. Der Schoß, aus dem das einst kroch, ist durchaus noch fruchtbar. Aber wird das kleine neugeborene Monstrum auch Nahrung und Fürsorge finden, die es ihm ermöglichen, groß und mächtig zu werden? Mit anderen Worten: ist es für unsere Frage, für das einundzwanzigste Jahrhundert maßgeblich? Ist aus diesen Faulgasbiotopen wirklich ein neuer Hitler oder Hitlerismus zu erwarten, der weltgeschichtlich bedeutsam werden kann?

Ich glaube nein.

Was alles fehlt

Vergleichen wir im Überblick die Verhältnisse der Zwischenkriegszeit mit den heutigen. Hitlers System, so paranoid und minderwertig es auch im einzelnen sein mochte, ruhte auf einem machtvollen Konsens des Zeitgeistes. Es war durchaus imstande, auch die gesellschaftlichen und wirtschaftlichen Führungskräfte für sich zu gewinnen. Voraussetzung dafür war, daß ein Nationalstaat von der Größe Deutschlands noch über alle wesentlichen technischen und finanziellen Ressourcen verfügte, die für eine gewaltige Aggression nötig sind. Es war dies noch die Welt des Adam Smith, der es sich schlecht vorstellen konnte, daß transnationales Wirtschaften rentabel zu betreiben wäre, schon wegen der hohen Transportkosten für die Rohstoffe. Deutschland war, ebenso wie England, ein Kohle-und-Stahl-Land und besaß damit scheinbar das entscheidende Potential für die Industriemacht, die ein Herrenvolk benötigte, um weite Teile der Erde erfolgreich zu beherrschen.

Eine weitere Voraussetzung für den großen Plan war, daß auch die politisch beweglichen Führungsschichten wesentliche Ängste und Kränkungen mit dem Hitlerismus teilten. Nur so konnten sie den Abscheu wegrationalisieren, der ihr Milieu von den SA-Horden trennte.

Diese Ängste und Kränkungen hatten ein weites kulturelles Vorfeld, hatten Traditionen, die bis in die deutsche Romantik zurückreichten. Insbesondere waren es der Hunger nach dem Irrationalen und Überrationalen, die Verachtung für den reinen Verstandesbetrieb des Westens, die in den Gefilden der sogenannten schönen Literatur um-, aber auch eine Ehe linker Hand mit dem Biologismus eingingen: Götterdämmerung plus Sozialdarwinismus.

Und schließlich glaubte man das Gesicht des Feindes genau zu kennen. Es war das Gesicht derer, die Hitler die »Novemberverbrecher« nannte, also die äußeren Feinde und ihre Agenten, hinter denen Juda steckte.

Von alledem kann heute keine Rede mehr sein. Wenn es einen übermächtigen Feind des Chauvinismus gibt, dann ist es die Finanz- und Produktionswelt, sind es insbesondere die transnationalen Konzerne. Der Elan, mit dem heute global kreuz- und querinvestiert wird; die Wolkenbänke der Bildschirmgeschäfte, die im Vierundzwanzigstundensturm um den Erdball jagen, machen einen nazistisch verseuchten Standort Deutschland zum unannehmbaren Geschäftsrisiko. Wenn ein Sprecher des Siemenskonzerns verkündet, es sei eigentlich unsinnig, noch *Made in Germany* auf Firmenerzeugnisse zu stempeln, es müsse längst *Made by Siemens* heißen, dann wird klar, auf welcher Seite der Firmen- und Bankbilanzen so etwas wie Hitlers Pläne heute zu stehen kämen

Es ist wohlbekannt, wie argwöhnisch in den großen Werkhallen der Großindustrie auf Symptome von Ausländerfeindlichkeit geachtet wird. Man braucht den türkischen Fachverstand genauso wie den deutschen. Das Verprügeln und Zusammentreten von exotisch wirkenden Passanten ist eine Sache der Außenseiter, die sowohl dumpfe Täter wie dumpfe Opfer sind.

Irgendein geistiges Vorfeld selbst bescheidensten Niveaus ist nicht festzustellen. Faust oder Hölderlin im Tornister: das waren immerhin Möglichkeiten, wenn auch perverse Möglichkeiten nazistischer Koexistenz mit dem kollektiven nationalen Gedächtnis. Der real existierende Neonazismus hingegen ist grundsätzlich analphabetisch.

Nicht weniger schlecht steht es ums Feindbild. Hitlers Jude war eine Science-fiction-Monstrosität, aber spätestens seit Dreyfus und den *Protokollen der Weisen von Zion* war das Antlitz dieser Monstrosität vorbereitet und bekannt. Doch heute? Als Argument für ihre Körperverletzungen mit Todesfolge trauen sich die Springerstiefelknechte noch nicht einmal die »Rasse« anzuführen, geschweige denn etwas so Konkretes wie den zeitgenössischen Juden. Auch wenn er in den Kellern ihres kollektiven Unbewußten noch als Gespenst umgehen mag, offen geredet wird nur über die *Memoria* der sogenannten Auschwitzlüge. Gelegentlich wird auch der Schauder internationaler Finanzmacht beschworen, die man sich vielleicht noch etwas krummnasig vorstellen darf, aber im wesentlichen, das heißt beim Prügeln und Anzünden, geht es nur gegen die »Kanaken«, wer immer das ist, und um die physische Abwehr einer Herausforderung, deren Natur nicht verstanden und darum gefürchtet wird.

Entwarnung?

Das einundzwanzigste Jahrhundert betreffen alle diese fühllosen und kläglichen Abfallhaufen wohl nicht mehr. Aber ist es deshalb geboten, Entwarnung zu geben? Ist der offensichtlich debile Zustand des Neonazismus oder der »arischen« Milizen in den USA der Beweis dafür, daß der Geist Hitlers nie aus dem Keller des historischen Dracula-Palastes emporsteigen wird?

Um darüber zu entscheiden, ist es notwendig, den Kern seiner Botschaft, sozusagen die Hitlerformel, aus seiner Einkleidung ins mitteleuropäische Gewand der ersten Jahrhunderthälfte herauszuschälen; die Formel aus der Arithmetik des damaligen Geschichtsmoments in Algebra, das heißt in mögliche allgemeinere Gültigkeit zu überführen.

Erst dann wird sich zeigen, welche Aktualität sie in kommenden, kaum mehr vermeidbaren Krisen erneut zu gewinnen vermag.

10 PLANET-MANAGEMENT
ODER Die Globalisierung der Hitlerformel

Aus welchen Faktoren und Elementen setzt sich die Hitler-formel zusammen, wenn man sie ihrer offensichtlich falschen Rechengrößen entkleidet?

Die Faktoren der Formel

Erste Bedingung für ihre Anwendung (oder Wiederanwendung) ist eine entsprechende Krisensituation, die sowohl materielle Not wie das Erlebnis der existentiellen Orientierungslosigkeit umfaßt.

Diese Krisenerfahrung muß die Erkenntnis aufdrängen, daß es nicht (und warscheinlich nie mehr) für alle reicht.

Möglichkeiten, der Krise durch ein tiefgreifendes, aber humanistisches Programm beizukommen, werden grundsätzlich als unrealistisch verworfen.

Die überlegene Gruppe oder Formation, welche sich zur Bewahrung der zivilisatorischen Errungenschaften berufen fühlt, sieht sich deshalb zur Selektion gezwungen; diese muß logischerweise die Unantastbarkeit der Menschenwürde aufheben.

Unsere erste Frage lautet also: Ist eine »Hitler-Krise« im einundzwanzigsten Jahrhundert möglich oder wahrscheinlich?

Ja.

Es gibt einen frühen Analyseversuch der Hitler-Krise von einem Emigranten namens Peter Drucker mit dem Titel *The End of Economic Man* (Das Ende des ökonomischen Menschen), der 1939 in London erschienen ist. Drucker (der später in den USA ein renommierter Managementtheoretiker wurde) hat das Buch in den letzten Friedensjahren geschrieben; er verfügte noch nicht über die Evidenz des Hitlerschen Angriffs auf Europa, und so ist es nicht verwunderlich, daß es in Vergessenheit geriet. (Immerhin hat Drucker darin den Hitler-Stalin-Pakt von 1939 vorausgesagt.)

Druckers zentraler Gedanke ist folgender: Im Sieg der Hitlerbewegung sieht er eine logische, wenn auch irrationale Antwort auf den Triumph des Kapitalismus, der alle seine Versprechen eingelöst hat und folgerichtig immer größere Teile der Menschheit (jedenfalls der bereits von ihm betreuten Menschheit) in die Ratlosigkeit stürzt. Da die Wirtschaft das alte europäische Dilemma von Freiheit und Gleichheit nicht zu lösen vermag, da sie vielmehr den Selbstwert des Menschen immer stärker von seinem Platz in der Produktion abhängig macht, stellt sie sich selbst in Frage, sobald eine der zyklischen Depressionen auftritt. Drucker betont, daß die Depression von 1929 bis 1933 keineswegs die größte war, daß sie keine schlimmeren Härten mit sich brachte als vorhergehende Krisen, etwa im neunzehnten Jahrhundert; entscheidend war vielmehr, daß sie die menschlichen Folgen, die Gleichgültigkeit der Wirtschaftsprozesse gegenüber dem vorgeblichen Subjekt, dem Wirtschaftsbürger, auf einer hohen allgemeinen Bewußtseinsstufe offenbarte. (Einer der Dämonen, deren Wiederkehr Drucker postuliert, heißt *too old at forty* – zu alt mit vierzig. Das klingt vertraut.)

Hitler, so Peter Drucker, versuchte das Selbstbewußtsein der Modernisierungsverlierer auf andere als die rein ökonomischen Grundlagen zu stellen, etwa auf ihre Rolle als alte Kämpfer der Bewegung, als kleine SA-Führer.

Wir gebrannten Kinder, wir Erben von Auschwitz und Treblinka, können hinzufügen: gerade durch seinen Angriff auf den Ökonomismus stellte Hitler ein uraltes barbarisches Überlegenheitsgefühl des Kollektivs wieder her, an das Peter Drucker 1939 noch gar nicht zu denken wagte.

In dem Augenblick aber, wo diese alte barbarische Formel wiederbelebt war, die Formel von der naturgegebenen Überlegenheit der eigenen Horde, ja des alleinigen Menschseins gegenüber einer Welt von Menschen auf Gnade und Verdacht, in dem Augenblick war auch schon die Antwort auf eine andere, die Menschen und ihren Alltag viel stärker berührende Frage parat: *Reicht es überhaupt für alle? Reicht es für allgemeine Freiheit von Furcht und Not?*

Das Ende des Moratoriums – die Jahrtausendkrise

Nun, auf einem weiteren Spiralarm der geschichtlichen Entwicklung treten wir in ein ganz ähnliches Krisenfeld ein.

Es ist klar, daß es mit der Jefferson-Formel vom sorglosen Nießbrauch der lebenden Generation nicht mehr lange gutgehen wird, daß es vielmehr schon längst nicht mehr gutgeht mit ihr. Wir befinden uns schon mitten in einem Selektionsprozeß, den die Königin der Weisheit gegen unsere Spezies eingeleitet hat. Das Bodenleben wird spärlicher, in den Staaten der Wohlhabenheit werden täglich etliche Fußballfelder Muttererde mit Beton versiegelt, die Ozeane veröden, jeden Tag verschwinden etliche Dutzend Pflanzen und Tierarten. Die Sahara schreitet unerbittlich nach Süden fort, die entwaldeten Böden des äthiopischen Tigray, Nordkoreas, Madagaskars schwinden oder werden weggeschwemmt. In den nicht mehr beregneten Regenwäldern Brasiliens und Südostasiens toben Riesenbrände, die von Rodungsfeuern entfacht werden, und die letzten majestätischen Hochwälder Kanadas und der USA liefern Holzschnipsel für eine verrückte Verpackungsindustrie und immer dicker werdende Zeitungen.

Das Wirtschaftssystem als Verbündeter der Wüste

Auf den ersten Blick ist zu sehen, daß die biosphärische Krise gleichzeitig (vermutlich vorrangig) eine Kulturkrise ist. Die Art und Weise, wie wir mit der Welt umgehen, verschärft und beschleunigt sie zumindest. Der »fortschrittliche« Teil der Menschheit hat sich auf ein Wirtschaftssystem geeinigt (oder wird von ihm mitgerissen), das dem Grundgesetz aller lebenden Systeme widerspricht: der Syntropie, das heißt der bestmöglichen Ausnutzung der ständig eintreffenden Sonnenenergie. Dieses Wirtschaftssystem ist demnach ein Verbündeter der Wüste, und der objektive Endzustand, der aus seinen röhrenden Aktivitäten hervorgeht, ist eine Welt von Schrott, Müll und Gift. Kein kühnes Gerede von Innovation, Kommunikationszeitalter und dergleichen vermag an diesem Grundmuster unserer Wirtschaftsweise etwas zu ändern. Es vermag lediglich, uns durch stetige Neuangebote von Virtualität an unsere bisherigen Vorstellungen von »Fortschritt« zu nageln und die Gefahr für die Gattung in ihrer schwindenden Lebenswelt immer weniger erlebbar zu machen, sie in einer virtuellen

Welt unseres eigenen Entwurfs verblassen zu lassen. Diese Kunstwelt, jeder Urproduktion entfremdet, gilt heute im politischen und gesellschaftlichen Diskurs bereits als die entscheidende Realität. Wer sich heute einen »Realisten« nennt, will damit sagen, daß er längst in dieser Ersatzwelt verschwunden ist, daß er die Tür zur biosphärischen Wirklichkeit hinter sich zugehauen hat und sich um ihre tödlichen Gefährdungen einen Teufel schert, ja sie möglicherweise überhaupt nicht mehr begreift. Und die Frage der Lebensgrundlagen, also die tödliche Frage schlechthin, ist denn auch längst aus den Wahlkämpfen, den Parlamentsdebatten, den schöngeistigen Feuilletons verschwunden.

Dies wurde durch zwei weitere Faktoren verstärkt. Erstens ist mit dem Kollaps des Realsozialismus ein altmodisches Krisenprofil wieder aufgetaucht; Peter Druckers Dämonen sind zurückgekehrt. Wohl noch nie fühlten sich so viele Menschen gleichzeitig so überflüssig wie heute.

Und zweitens hat sich, dank des Produktionsfaktors Wissenschaft, die Welt der Ökonomie und der Finanzen nicht nur völlig von jeder biosphärischen, sondern auch von jeder humanen Verantwortung gelöst und kreist verzückt um ihre Renditensonne. Die Politik, soweit sie überhaupt noch nachdenkt, kann sich zumindest nicht mehr mit langfristiger Zukunftsfähigkeit beschäftigen; sie hüpft verzweifelt von einer treibenden Eisscholle auf die nächste, bestenfalls in der Illusion befangen, daß die Sicherung der jeweils notwendigen Mehrheit schon irgendeine geschichtliche Verbindung mit dem Weltgeist und damit Zukunftsfähigkeit herstellen werde.

Leider, aber logischerweise, merken die sogenannten Eliten, vom Dax, vom Krebswachstum und anderen Statusspielen berauscht, zu allerletzt, was uns ins biosphärische Haus steht. Man lausche nur den Posaunenstößen, welche die Neokannibalen der Deregulierung von den semantischen Höhen täglich in die Welt tuten. Sie schlagen schlichtweg vor, daß denen, welche die Welt auffressen, noch mehr Geld und Korsarenfreiheit gegeben werde, damit sie noch schneller fressen können; denn dies und nur dies schaffe Arbeitsplätze, wobei völlig egal bleibt, was auf solchen Arbeitsplätzen an Schönem, Überflüssigem oder Mörderischem hergestellt wird. Freilich ist mittlerweile die Produktivität pro Arbeitsstunde so hoch (und die Innovation macht sie noch höher), daß ein einziger Arbeitsplatz Millionen kostet und daß der Bundeskanzler bei der zeremoniellen Eröffnung eines chemischen Riesenwerks im geplagten Osten zweihundert Meter durch die Hallen laufen muß, um einen Blaumann mit Schutzhelm fürs Pressefoto zu finden.

Der »Wohlstandsmüll«, nach der Definition einer Schweizer Führungskraft die achtzig Prozent, die keine Chance auf einen solchen Millionenjob haben, wählen dann rechtsradikal und treten Exoten tot. Dagegen hat man letzten Endes so wenig ein Rezept wie gegen die globale Erwärmung, aber man kann sich ja mit dem Musikprogramm der Titanic beschäftigen, wenn man den Kurs schon nicht ändern kann oder will.

Was bei solcher Blindheit der Eliten herauskommt, beziehungsweise nicht herauskommt, zeigte besonders schön der letzte Klimagipfel in Kyoto. Dort gab es eine einzige Sparte der Finanzmacht, welche die biosphärischen Argumente der Nicht-Regierungs-Organisationen (NGO) unterstützte: die Versicherungen. Sie sind bereits direkt vom Anwachsen der Stürme und Überschwemmungen betroffen: entweder müssen sie die Prämien drastisch erhöhen oder ganze Zonen und Typen von Objekten grundsätzlich ausgrenzen. (In Deutschland wissen die aktiven Mitweltschützer, daß die Münchner Rück, eines der größten Unternehmen der Branche, einen sehr kompetenten Klimastab unterhält.)

Gegen diese bedrohlichen Aufklärer standen die Lobbybataillone vor allem der Erdöl- und der Autoindustrie und die Hegemonialmacht USA, deren öffentliche Meinung gründlich von den Konzernen und ihren Verbündeten, den Republikanern, vergiftet worden war. Das Resultat ist bekannt: Von einem auch nur ansatzweise realistischen Kurs zur Vermeidung oder wenigstens Verlangsamung der Klimakatastrophe kann nicht mehr die Rede sein. Was blieb, war ein bißchen Ablaßkrämerei, und die durfte ausgerechnet Al Gore verkünden, der demokratische Kronprinz fürs Jahr 2000, der einmal ein sehr nachdenkliches Buch über das Gleichgewicht der Erde geschrieben hat. Jetzt kuscht er, noch dazu im Brustton der Überzeugung, denn woher sollen in zwei Jahren die Wahlkampfgelder kommen?

Die Barbaren – vorläufig

Solange die Eliten der Wohlstandswelt nichts merken (oder merken wollen), bleibt die Hitlerformel den auswechselbaren Herrenvölkern der Barbarenwelt überlassen, einer Welt, die sich von Jahr zu Jahr weiter barbarisiert.

Man braucht nur eine Liste der Weltgegenden aufzustellen, die im Laufe der letzten Generation ihre Staatlichkeit entweder ganz verloren haben oder unter der Geißel von

Guerilla und Konterguerilla leiden. Die Liste reicht von A wie Afghanistan bis Z wie Zaire. Während des kalten Krieges waren diese Konflikte wenigstens nominell noch auf den Schnüren ideologischer Parteilichkeit aufgereiht; seit seinem Ende hat sich der Prozeß nicht beruhigt, sondern eher noch beschleunigt. Das beginnt vor unserer Haustür in Jugoslawien und endet nicht im Kaukasus, am Victoriasee oder in Chiapas. Und immer wird wenigstens auf einer Seite des Konflikts, wenn nicht auf beiden, die implizite Verehrung der Hitlerformel anzutreffen sein: wir haben recht, weil wir die besseren, weil wir die eigentlichen Menschen sind, während unsere Feinde sich durch offensichtliche Kennzeichen der Minderwertigkeit als Nicht- oder Untermenschen ausweisen. (Man braucht sich nur das historisch und leider auch religiös aufgeblasene Gewäsch der serbischen beziehungsweise der kroatischen Meinungsbildner während der blutigen Jahre zu vergegenwärtigen.)

Das kann, wie die Dauer vieler dieser Konflikte beweist, sehr lange gut, das heißt sehr schlecht gehen; besonders dann, wenn großräumige Wirtschaftsinteressen im Spiel sind. Sowohl in Tschetschenien wie im Irak geht es um Erdöl, und selbst die mittelalterlichen Taliban in Afghanistan sind Steine im Spiel um den Zugang zu den zentralasiatischen Ressourcen. All das ist noch kurz- und mittelfristige Ausbeutungsphilosophie; längere Atemzüge machen da die großen internationalen Institute, flankiert von großen Handelsmächten.

The White Man's Burden

Das Brodeln der barbarischen Ursuppen, selbst wenn sie mehr oder weniger vom Nazismus inspiriert sind, löst nicht die entscheidenden Kriterien für die Anwendung der Hitlerformel ein.

Diese Kriterien sind:

1. das Bekenntnis zur Geschichte als Naturgeschichte,
2. die Feststellung, daß es nicht für alle reicht, und
3. die Übernahme der Verantwortung dafür, wer wie an den knapper werdenden Ressourcen des Planeten und damit an der Zukunft der Menschheit beteiligt werden kann und soll.

Es wäre vorstellbar, daß Milliardenreiche wie China oder Indien in nicht allzu ferner Zukunft bereit wären, diese Verantwortung zu übernehmen (Indien vielleicht noch eher als China, weil es seit den wüsten Tagen der Indira Gandhi keinen Versuch zur Bevölkerungskontrolle mehr unternommen hat). Bei der grundsätzlichen Verlogenheit politischer Führungen wird es auch nicht leicht sein festzustellen, ob und wann unter welchen Vorwänden eine solche Entscheidung zur planetarischen Aggression gefällt würde.

Die Kulturgeschichte im weitesten Sinne legt jedoch die Annahme nahe, daß die Weltmeinungsführung in den nächsten Jahrzehnten bei den Wohlstandsnationen des europäisch-atlantischen Kreises verbleiben wird. Zu ihm gehört in erster Linie die letzte Supermacht USA; von diesem Kreis aus wurde seit dem Beginn des großen Moratoriums 1945 das bißchen an Weltregierung formiert, was wir kennen: die Agenturen der UN, die Weltbank, der Weltwährungsfonds und die WTO, die Welthandelsorganisation.

Seit dem offiziellen Ende des Kolonialismus, der durch viel bequemere Herrschaftsformen abgelöst wurde, ist im wachsenden Dschungel von Projekten aller Art, deren

Nutznießer und Erdulder in der Regel die Ärmsten wurden, eine neue internationale Sahib-Kultur entstanden, welche die edlen Bilder von Kiplings »Bürde des Weißen Mannes« (Dienst im Exil, Erziehung einer mürrischen Dritten Welt: halb Kinder, halb Teufel) und damit auch ihren offenen oder verdeckten Rassismus oft bis zur Karikatur wiederbelebte. Die erfreulicheren Impulse zu dieser Entwicklung gingen und gehen von Nordeuropa aus; es ist kein Zufall, daß der erste Generalsekretär der UN Hammarskjöld hieß. Hier war und ist wahrhaftiger Idealismus am Werk; daß er vom schlechten Wohlstandsgewissen beflügelt wird, braucht nicht unbedingt ein Nachteil zu sein. Aber es gehört gerade zur Problematik der zweiten Jahrhunderthälfte, daß wahrhaft selbstlose (und damit auch befriedigende) Arbeit auf den weltweiten Feldern der Armut durchaus dazu beitragen konnte und kann, zerstörerische Abhängigkeiten zu schaffen und zu vertiefen. »Hilfe zur Selbsthilfe«, das berühmte Exempel von dem Hungrigen, dem man nicht einen Fisch reicht, sondern das Fischen beibringt – immer und immer wieder wird dahinter die repressive patriarchalische Toleranz einer Welt von Besserwissern sichtbar, Besserwissern mit durchaus ehrenvoller Motivation und hoher Qualifikation.

Das »linksliberale« Dilemma

Innerhalb der Heimatgesellschaften des Kapitalismus sind es die Legionen der »Linksliberalen«, also jener stattlichen Minderheit, die dank des technisch-industriellen Fortschritts den Grundkonflikten um Brot, Bier und fahrbaren Untersatz entronnen ist und sich allgemeineren Problemen zuwenden kann, aus denen das Personal für die Sahib-Kultur hervorgeht. Dieser Schicht verdanken letzten Endes aber auch die Grünen-Bewegungen ihren Aufstieg. Sie sind die einzigen, welche die Debatte um die zukünftige Bewohnbarkeit des Planeten noch am Leben zu erhalten vermag. Da sie auch die Menschenrechte von 1789 am stärksten verinnerlicht haben, sind diese Linksliberalen (wie wir sie vergröbert nennen) heute die Träger dessen, was Hitler als »jüdischen Bazillus« schmähte und verachtete: die Träger der Botschaft von der Gleichheit der Menschen, vom Lebensrecht der Schwachen, von der stets notwendigen und möglichen Diskussion und dem notwendigen und möglichen friedlichen Interessenausgleich.

Gleichzeitig aber ist diese Schicht die Trägerin des Bewußtseins von der Endlichkeit der Ressourcen, vom Widersinn des Ökonomismus. Sie stellt die haupt- und ehrenamtlichen Aktivisten des Umweltkampfes, sie schickt ihre Schlauchboote gegen die Walfänger und die Säureverklapper vor, sie allein sichert letzten Endes das Fortleben der ökologischen Perspektive, die immer stärker von den Gewitterwolken der heftigen kurzlebigen Krisen verdunkelt wird. Sie blieb und bleibt damit länger an der Fahne als die Altkonservativen, welche eigentlich der Sache der geschundenen Natur, der gefährdeten Schöpfung näherstehen müßten, die aber längst gemerkt haben, daß die Sache zuviel Opfer kosten dürfte – der Bechsteinflügel aus der Musiklounge kann nicht ins Rettungsboot übernommen werden.

Aber werden die tugendhaften Liberalen, wenn die selbstverschuldete Selbstzerstörung erst einmal weit genug fortgeschritten sein wird, an ihrer gewissenhaften Unschuld festhalten können? Werden sie, wenn es um Reis, Wasserstellen und Kartoffeln geht, wenn aus den lügnerischen Geweben der *virtual reality* die Grundmuster menschlichen

Ringens um einen Platz in der Biosphäre hervortreten – wird das Häuflein der Tugendhaften dann noch imstande sein, sich dem Ansturm dieser Realität zu stellen?

Der tugendhafte Kalifornier

Kürzlich ist der Roman eines US-amerikanischen Autors erschienen, dessen Grundmuster unser Problem diabolisch erhellt. Ein linksliberaler Kalifornier, der in einem ästhetisch erfreulichen Kondominium wohnt, der seinen Müll gewissenhaft trennt und sich über den Schwund bürgerlicher Freiheiten und demokratischen Gemeinsinns erregt, stellt eines Tages fest, daß unten im Canyon, gleich hinter dem Zaun, der seine *gated community*, sein privatgeschütztes Gemeinwesen umhegt, einige Hundertschaften illegaler mexikanischer Einwanderer kampieren. Eines ihrer Mädchen, mit dem tragikomischen, hoffnungsreichen Vornamen América, überfährt er aus Versehen. Wie wird es mit ihm weitergehen? Wird er liberal bleiben? Wird er, wenn ihm schon strafrechtlich nichts passiert, vom Wertverlust seines Grundstücks absehen und an seinen edleren Gefühlen festhalten können?

Man kann sich denken, wie es weitergeht; logisch, also alles andere als erfreulich.

Wenn es also um die Definition des oder der Überflüssigen geht, wird der Konsens innerhalb der führenden, der artikulationsfähigen Klassen der modernen Wohlstandsgesellschaft in dem Augenblick leicht herzustellen sein, wo die Überflüssigen als konkrete Bedrohung des bisherigen Lebenszuschnitts erfahren und erlebt werden. Am längsten für diese Erfahrung werden wohl, wie schon erwähnt, die Herren in den Chefetagen brauchen; die schwarze Mutter, die mit ihrem verhungernden Baby durch die ausgebrannte Steppe stolpert, hat auf jeden Fall ein korrekteres Bild von der Wirklichkeit als, sagen wir, Herr Schrempp im Stuttgarter Chefbüro von Daimler-Chrysler. Aber vielleicht wird auch er eines Tages der Weltgefahr gewahr, die hinter den Gittern seiner schönsten Umsatz- und Gewinnzahlen lauert (vielleicht erzählen es ihm auch seine linksliberalen Söhne oder Töchter, wer weiß). Dies wird dann der Augenblick sein, wo die gute alte Jefferson-Formel vom Nießbrauch der gegenwärtigen Generation endgültig verabschiedet ist. Man hat dann eine neue Wertwahl zu treffen, und man wird dann plötzlich entdecken, daß man verantwortlich auch für die nichtmenschliche Mitwelt, für die Nachhaltigkeit des organischen Lebens, kurz für all das handeln muß, was man als Topmanager aus Renditegründen möglichst von sich weggeschoben und als postmaterieller Liberaler immer hochgehalten, aber nie wirklich hautnah erlebt hat. Dann wird es nämlich hautnah, und dann wird möglicherweise sehr schnell und sehr gründlich gehandelt.

Mit anderen Worten: die achtzig Prozent »Wohlstandsmüll« müssen weg, weil sie das Weiterleben der Gattung gefährden (Hitler nannte es »Erhaltung der Art«), und eine Minderheit (der man natürlich angehört) muß die Verantwortung übernehmen, muß die schwerste Bürde des weißen Mannes schultern, der nun nicht nur eine Welt von Halb-Kindern und Halb-Teufeln zu betreuen., sondern sich noch dazu der biosphärischen Verantwortung zu stellen hat – unter Wahrung des eigenen wohlverdienten Lebensstandards, versteht sich, und unter Anwendung aller von der Wissenschaft und Technik angebotenen Mittel. In einem Wort zusammengefaßt lautet der neue Auftrag, die neue Parole: *Planet-Management.*

Welche Werkzeuge findet der Planet-Manager vor? Wie kann er seinen Auftrag wahrnehmen, während ringsumher die überflüssigen Massen nicht nur nach Brot, sondern nach Lebenssinn schreien? Wenn die ständigen Massaker auf dem ganzen Globus sich immer unabweisbarer als Schlachten im Kampf um Wasser und Ackerboden entpuppen?

Zunächst muß überwacht werden, und zwar gründlich und lückenlos. Hitlers Drittes Reich hatte für damalige Verhältnisse einen gewaltigen Lausch- und Spähapparat aufgebaut, aber verglichen mit den Verhältnissen unter Stalin, und natürlich erst recht im Vergleich zu heutigen Möglichkeiten, war er eine recht altmodische und klapprige Angelegenheit. Ein Beispiel: es gab junge Männer, die sich mitten im Krieg jahrelang dem Wehrdienst entziehen konnten, indem sie die Schwerfälligkeit des polizeilichen Meldesystems ausnutzten; die bürokratische Weitergabe einer Ummeldung des Wohnorts dauerte etliche Wochen, und wer seinen offiziellen Wohnsitz vor Ablauf dieser Frist erneut wechselte, konnte dem Wehrersatzamt eine Nase drehen. Mit Hilfe von ein paar hilfsbereiten Onkeln und Freundinnen ging das jahrelang. (Man vergleiche das mit dem heutigen computerisierten Ämterzustand!) Und selbst wenn es polizeiliche Meldebehörden gar nicht gäbe (wie etwa in den USA), könnten ungeheure Massen persönlicher Daten von Banken, Mailing-Listen, Versicherungen und so fort abgerufen werden, welche die Effizienz der Nazis völlig in den Schatten stellten.

Dazu nehme man die seitdem stürmisch weiterentwickelten technischen Möglichkeiten: stetig neue und miniaturisierte Abhör- und Videogeräte, Identifikation über Stimm-,

Netzhaut- und DNS-Analyse, Infrarotdunkelsicht – die Liste ließe sich beliebig verlängern.

Leider muß man nachträglich zugeben, daß die trotz allem erreichte Perfektion des inneren Terrors im Dritten Reich wesentlich durch seine freiwilligen Helfer, die denunziationsfreudigen Nachbarn und Bekannten, sichergestellt wurde. Der moderne Planet-Manager bedürfte einer so breiten populären Basis nicht mehr, ihm reichte eine verhältnismäßig schmale Schicht von High-Tech-Professionellen aus.

Unmittelbar darunter genügten kleine, sehr gut bezahlte Sicherheitskader, um physische Angriffe unmöglich zu machen. Sie wären zusätzlich abgepuffert durch die vertrauten sozialpsychologischen Mechanismen der spontananarchischen Erhebung, die immer noch nach dem alten Schema das verhaßten Nächsten vorgeht. In Los Angeles 1992, bei der letzten gefährlichen Schwarzenrevolte, kamen die koreanischen Supermärkte dran, also die unmittelbar erfahrenen Orte der Ausbeutung und Diskriminierung. Der Wilshire Boulevard oder gar Beverly Hills, wo wirklicher Reichtum konzentriert ist, waren nicht nur durch Polizisten gesichert, die dreimal besser bezahlt waren als die Los Angeles City Force, sondern noch mehr durch die Glacis der Abstraktion und Unvorstellbarkeit, die sie von den Molotow-Cocktails der Rioters trennten.

Ähnlich lief dies kürzlich in Jakarta, wo die fleißige chinesische Minderheit für die Verzweiflung der Massen bezahlen mußte; die Komplexe der wirklich Reichen, vor allem des Suharto-Clans, waren hermetisch abgeschirmt.

Es wird auch selektiert werden müssen. Gut, die Sache der Menschenrechte hat in der zweiten Jahrhunderthälfte Fortschritte gemacht, kein Zweifel. Sie können in etwa einbezogen werden, denn die grobkörnigen Methoden der Shoah sollten sich erübrigen und höchstens im äußersten Notfall angewendet werden.

Dennoch, es wird selektiert. Hier und heute.

Manchmal findet die Auswahl äußerst konkret statt, und dann zeigt sich, daß sie immer noch nach alten Kriterien funktioniert. Rupert Neudeck, der Initiator der »Cap Anamur«-Hilfe, hat erst jüngst darauf hingewiesen, daß bei den großen Massakern in Ruanda zunächst und reflexhaft die Weißen ausgeflogen wurden – einschließlich belgischer Nonnen, die sich solche rassistische Präferenz, die nicht ganz ihren Ordensgelübden entsprach, durchaus gefallen ließen. Es konnte dann zu der grotesken, aber bezeichnenden Situation kommen, daß ein US-amerikanischer Diplomat zurückgelassen wurde, weil er eine schwarze Haut hat und man ihn deshalb automatisch den Überflüssigen zurechnete.

Selektiert wird von der transnationalen Finanzmacht schon vorher, wenn es um die Verlängerung von Krediten, die Umschuldung der Ärmsten, die Bedingungen für weiter gewährtes Wohlwollen geht.

Selektiert wird durch die GATT-Abkommen, welche der sicherste und unauffälligste Weg zur Ausrottung etwa noch existierender traditioneller Gesellschaften und Kulturen sind.

Selektiert wird an den Grenzen des Schengener Abkommens, auf den deutschen Flughäfen, wo das einst sehr liberale deutsche Asylrecht zu einem bürokratischen Fegefeuer geworden ist. Sinn solcher Selektion ist die Bewahrung des Wohlstandsgefälles, das nicht zuletzt durch die vorhergehende Selektion, nämlich die *terms of trade*, die internationalen Handelsbedingungen, entstanden ist.

Selektiert wird in nie dagewesener Breite und Gründlichkeit in der Arbeitswelt. Die jahrtausendelang geltende Qualifikation eines arbeitswilligen Normalmenschen, der über starke Muskeln, geschickte Hände und einige Ausdauer verfügt, ist völlig unwichtig geworden. Man geht davon aus, daß die erwünschte Produktion der Weltwirtschaft dank der technisch-wissenschaftlichen Innovation von etwa zwanzig Prozent der Weltbevölkerung geleistet werden kann. Der Rest wird vorläufig von der schon etwas tatterigen Wach- und Schließgesellschaft der Nationalstaaten betreut, aber eines Tages, das ist vorauszusehen, muß er entsorgt werden.

Selektiert wird aber auch in den obersten Stockwerken der Weltökonomie. Die Riesensaurier mit den großen Firmen- und Konzernnamen verschlingen einander in mehr oder weniger freundlichen *takeovers*, wobei mehr oder weniger klar der Endzustand eines weltweiten Gesamtkapitalisten am Horizont erscheint. Wackere Kartellämter versuchen die Entwicklung wenigstens zu bremsen, aber allzuviel Glück haben sie dabei nicht. Man hat für diese Spielchen die Regeln der grausamen Königin in den ökonomischen Regelkreis hineingenommen; was dabei an Schicksalen den Bach hinuntergeht, ist unvermeidlich, also uninteressant, und wird höchstens durch sogenannte Sozialpläne abgefedert. Der Gesamtkapitalist am Ende der Selektionskette kann sich dann als Planet-Manager konstituieren und die große Rechnung aufmachen, die über kurz oder lang fällig ist.

Selektiert wird (um in den konkreten Lebensalltag der Wohlstandsbürger hinabzusteigen) zunehmend schon unter den Ungeborenen.

Erinnern wir uns: der einzige teilweise erfolgreiche Aufstand gegen die Unmenschlichkeit des Hitlerismus war der Widerstand gegen die Ermordung der behinderten Kinder. Da war Liebe am Werk; Liebe zu denen, die vielleicht zunächst unerwünscht waren, aber dann doch geliebt wurden (weil auch Gott sie liebte, wer weiß). Und die Liebe machte Mut zum Ungewöhnlichen, zum Absprung aus dem Konsens der neuen Barbarei. Indem sich die Eltern, die Geschwister, die Gemeindemitglieder der Selektion entgegenstellten, bejahten sie das ihnen Zugefügte, das behinderte Kind, in Freiheit.

Geht die Entwicklung der Medizin weiter wie bisher (und es gibt kaum Gründe, es zu bezweifeln), dann wird ein solcher Aufstand künftig mangels eines leibhaftigen Gegenstands nicht mehr stattfinden, nicht mehr stattfinden können, ja nicht mehr vorstellbar sein. Dank der Fortschritte pränataler Diagnostik wird das Drama der Selektion in der Abgeschiedenheit der gynäkologischen Praxen stattfinden, im Einverständnis zwischen dem Arzt und der werdenden Mutter.

Gewiß, das ist kein Terror von außen und oben mehr, das ist eine andere Entscheidungsebene. Aber ist es sicher, ist es überhaupt vorstellbar, daß die Kriterien einer kühl-rationalen, vom Ökonomismus und Konsumismus überformten Gesellschaft *nicht* in die Entscheidungen von Mutter und Arzt eingehen? Wenn etwa Peter A. Singer, ein Befürworter aktiver Familienplanung, also der Abtreibung schwerbehinderter Föten, als ethisches Kriterium die *happy family* postuliert, die zweifellos als bürgerliche Normalfamilie zu verstehen ist, welches mögliche Glück, das etwa im Zusammenleben mit einem debilen, aber liebenswerten Kind laufend entsteht, wird damit von vornherein unmöglich gemacht, wird nicht nur dem Kind, sondern seiner Familie verweigert? Und welche sozialen Strukturen wie etwa die der Schwarzafrikaner, für welche die seltsam fremden Kinder »heilig« waren, sind damit von vornherein ausgeschaltet, zumindest diskriminiert? »Normalität« war und ist eine sehr tyrannische Angelegenheit.

Selektiert wird natürlich im Gesundheitswesen. Die Reichen haben schon immer entsprechende Vorteile, bis hin zum Leibarzt; aber was etwa das soziale Versicherungswesen an Ungerechtigkeiten abgebaut hat, das wird an der anderen Hand durch die Kostenlawine der Apparatemedizin wieder in Frage gestellt. Die Folgen erleben wir in fast allen Ländern.

Selektiert wird unter den Alten, und zwar auf vielfältige Weise. Zunächst scheint die moderne Medizin kein wichtigeres Ziel zu haben, als den Sterbetermin so weit wie möglich hinauszuschieben; aber das ist ein sehr mechanisches Kriterium für Menschlichkeit. Selektion beginnt schon bei der Unterbringung und Betreuung der alten Menschen; häusliche Pflege in der Familie wird mehr und mehr zum Ausnahmefall, und viel wird schon dadurch bestimmt, in welchen Asylen, Stiften, Seniorenheimen die Abendjahre verbracht werden oder verbracht werden sollen. Selektiert wird natürlich durch die Zahlungsfähigkeit des Pfleglings und seiner Familie; sie entscheidet über die größere oder geringere Brutalität seiner Behandlung.

Selektiert wird aber auch in dem Augenblick, wo über Zahl, Natur und Wirksamkeit lebensverlängernder Apparaturen entschieden wird, entschieden werden muß. Das

System ist hier unerbittlich, weder der Moribunde (wenn er sich äußern kann) noch seine Angehörigen, noch die behandelnden Ärzte können Hilflosigkeit vorschützen; es müssen Ja- oder Nein-Entscheidungen gefällt werden – wird der Schalter X, die Sonde Y aktiviert oder nicht.

Und gänzlich neue, atemberaubende Möglichkeiten der Selektion werden sich aus der Vervollkommnung der Gen-Schnipselei ergeben. Hitlers Rassebegriff und seine Rassebesessenheit werden dann im doppelten Sinne alt ausschauen. Mit den Planungsmöglichkeiten, die sich aus den Genomkarteien ergeben, läßt sich die Herrenrasse, die notwendige menschliche Infrastruktur unterhalb der Spitze der Leistungsträger, planmäßig erstellen.

Es ist müßig, sich den Kopf darüber zu zerbrechen, welchen Platz eine solche Herrenrasse der Zukunft in einer möglichen nachhaltigen Hitler-Welt einnehmen, welche Funktionen sie ausüben würde. Schatten des Künftigen werfen vielleicht jene speziellen Sicherheitskader der *gated communities* voraus, von denen wir schon sprachen. Und es gibt auch schon kommerzielle Armeen, die als Firmen organisiert sind, Verträge mit schwachen oder gefährdeten Staatschefs oder Rebellenhäuptlingen abschließen, deren Gegenleistungen dann in der Regel Öl- und Bergwerkskonzessionen sind. In Afrika operieren sie jedenfalls schon seit langem, bei den Geburtskonflikten von Zaire / Kongo, bei den Bürgerkriegen in Liberia, Angola und Mozambique spielten sie eine keineswegs unbedeutende, aber selten offen diskutierte Rolle.

Die politische Frage, die sich dem Planet-Manager der Wohlstandsgesellschaften stellt, ist natürlich die Frage nach dem möglichen Konsens der entscheidenden sozialen Gruppen. Ist, bei unvermeidbarer Konfrontation mit der Lebenswirklichkeit des Planeten, damit zu rechnen, daß diese Gruppen substantielle Errungenschaften ihrer Geschichte, wie etwa die Menschenrechte und den Lebensschutz unterprivilegierter Minderheiten, zugunsten der Rettung der Zivilisation (und damit der eigenen Standards) aufgeben werden?

Ich meine: auf jeden Fall.

Man erinnere sich an den Zustand der staatstreuen Mehrheit 1933 bis 1934. In einer Reihe von einzelnen Schritten wurde sie an die Anbetung der grausamen Königin gewöhnt, verlernte (oder verdrängte) die Lektionen der jüdisch-humanistischen Botschaft, wurde bereit gemacht und machte sich bereit für den Zweiten, den barbarischen Krieg, den Krieg für die langfristige Erhaltung der Art, den sie dann bis zum bitteren Ende ohne größere Rebellion durchstand.

Dabei war sie keineswegs bereit oder gewillt, alle alten Rituale und süßen Gewohnheiten aufzugeben, auch wenn sie der grausamen neuen Religion widersprachen. Diese waren sogar hervorragend geeignet, das zu fördern, was ein Hitlerismus der Zukunft unbedingt braucht: die Parzellierung der inneren Lebenswelten und damit der Verantwortung, die nur in winzigen Teilstücken auf den einzelnen Soldaten, den einzelnen Rüstungsfacharbeiter, den einzelnen Reichsbahner auf der Strecke nach Auschwitz zukam.

Heute, nach einem halben Jahrhundert der Modernisierung, hat sich die Parzellierung der moralischen Zuständigkeit noch unendlich verzweigt. Der Bomberpilot, der Raketenspezialist, der C-Waffen-Forscher, der Atomkraftwerkbetreiber, der fixe Trader am PC-Schirm, der Gebietsvertreter der Agrarchemie, sie alle treiben zukunftsmörderische Geschäfte; aber sie alle würden entrüstet protestieren, wenn man sie unter die traditionellen Kategorien bezahlter Totmacher einreihte.

Tatsache ist, daß das System, in dem wir leben, die Welt der Jefferson-Formel und des blanken Ökonomismus, moralisch unlenkbar ist. Es lebt von Einvernahmen im großen Stil, Einvernahme von Ressourcen, von Energien, von alten bäuerlichen Arbeitsmoralen. In dem halben Jahrhundert, seit es unbestritten herrscht (auch in den Territorien des Realsozialismus hat es geherrscht, wenn auch in einer ketzerischen Version), hat es die Welt unbestreitbar öder, kälter, korrupter gemacht – und anspruchsvoller. Diese Wohlstandswelt ist wesentlich weniger als die verwirrte Gesellschaft von 1933 gerüstet, das Grundangebot der Hitlerformel zurückzuweisen. Der Warenkorb des sogenannten Existenzminimums hat sich ungeheuer erweitert, zudem ist er der eigentliche Angelpunkt aller Politik geworden. Und die Ideale der Gesellschaft haben sich ebenfalls angepaßt: Sexual- und Geschäftsmoral sind so gut wie inexistent geworden, und der Idealmensch des neokannibalischen Credos ist letzten Endes der fahle Sozialschädling, der Börsianer oder Medien-Yuppie, der sich an die Stoßstange seines Porsche Boxster den Sticker »Eure Armut kotzt mich an!« klebt. Von solchen Prototypen der neuen Flexibilität irgendeinen humanen Widerstand gegen die Krieger der grausamen Königin zu erwarten ist witzlos.

So leben wir im kurzlebigsten, aber zerstörerischsten

System menschlichen Zusammenlebens mit der Biosphäre, das je entworfen worden ist, eine Titanic in voller Fahrt. In zunehmender Geschwindigkeit trägt es uns vor die Eiswand, auf der die Frage des Philosophen Hans Jonas geschrieben steht: *Müssen wir Unmenschen werden, um die Menschheit zu retten?*

11 ZUSAMMENFASSUNG:
Der große blinde Fleck

Müssen wir Unmenschen werden, um die Menschheit zu retten?

Hitler hat als Programmatiker wie als Politiker die Frage mit einem entschieden Ja beantwortet. Er stellte sich nicht nur den Forderungen der Lebenswelt, so wie er sie verstand – er mystifizierte sie als die grausame Königin, deren Marschall und Exekutor er zu werden versprach, um die menschliche Art zu erhalten (das nannte er ausdrücklich sein höchstes politisches Ziel). Er erklärte den Juden zum Erzfeind der Nachhaltigkeit; aber er meinte die jüdisch-humanistische Botschaft schlechthin – die Botschaft von der Friedfertigkeit, von der Erhaltung des schwachen und gekränkten Lebens, von der Notwendigkeit der Diskussion und des Kompromisses. Er konnte ein desillusioniertes Volk mitreißen, weil ihm diese Ideen aus dem Zeitgeist bereitwillig zuflogen und weil er diesem Volk versprach, daß es durch die Anwendung seiner Formel selbst zur Lenkerin der menschlichen Gattung und der menschlichen Hochkultur werden würde – mit Anspruch auf alle Privilegien der Herrschaft, die sich daraus ergeben.

Da er sehr wenig über den tatsächlichen inneren Zustand der Welt, insbesondere der demokatisch-westlichen Welt wußte, da er in hypochondrischer Hektik seine Jahrhundert- und Jahrtausendpläne in die eigene Lebenszeit zusammenpressen wollte und da die Machtbasis Deutschland für diese Pläne zu schmal war, ging er unter. Immerhin glaubte er noch, den zentralen Punkt, die zentrale Aufgabe seines Dienstes an der grausamen Königin, seinen Beitrag zur Naturgeschichte erledigen zu können: die Vernichtung der jüdischen Existenz als Vorbedingung für den Untergang der humanistischen Botschaft und damit der eigentlichen und letzten Weltgefährdung.

Müssen wir Unmenschen werden, um die Menschheit zu retten?

Pol Pot war entschieden Hitlers Meinung. Stalin und Mao Zedong im Grunde wohl auch, sie gaben es nur nicht zu, aber ihre Praxis ging in die gleiche Richtung. Die unmenschlichen Diktatoren nahmen sich vor, eine Frage zu beantworten, der sich die Welt der Atlantic Charter, die Welt des großen westlichen Imperiums, in der wir noch immer beheimatet sind, grundsätzlich entzieht: Kann die Menschheit ihre Errungenschaften überleben? Und was muß für solches Überleben bezahlt werden – an Komfort, an Würde, an Menschenrechten, an Selbstbestimmung?

Hitler redivivus?

Die Planung all dieser Diktatoren war, dem Himmel sei Dank, voller Lücken und Widersprüche, und die Menschheit hat sie abgeschüttelt. Aber solange wir keine humanere Antwort auf die Frage des Hans Jonas finden, liegt Dracula lebendig unterm Schutt im Keller.

Oder er gespenstert bereits in neuen Verkleidungen durch das ausgehende Jahrtausend: als barbarischer Häuptling eines Möchtegernherrenvolks, als fundamentalistischer Killer, als eisiger Planet-Manager mit besseren, diskreteren Methoden der Überwachung und Selektion. Auf tausend Umwegen und Schleichwegen werden sie heute schon angewandt, und die ausdrückliche oder schweigende Zustimmung erfolgt stets im Rahmen eines Handels, eines *commercium*: Freiheit und Würde gegen Sicherheit. Wenn es erst allgemein spürbar wird, wie brüchig diese Sicherheit angesichts der bedrohten Lebensgrundlagen ist, wird sich auch herausstellen, wie haltbar die in der UN-Satzung verankerten Menschenrechte, wie haltbar unsere postulierten Rechte auf Freiheit von Furcht und Not tatsächlich sind.

Und dann erst wird sich zeigen, was für ein ungeheures historisches Ereignis Auschwitz tatsächlich war; nicht etwa eine Naturkatastrophe ohne Bezüge zum ordentlichen Geschichtsverlauf, sondern die noch reichlich primitive Vorwegnahme einer möglichen Option des Jahrhunderts, das demnächst anbricht.

Mit der »vernünftigen Abarbeitung des Vergangenen« wird es dann nicht mehr getan sein. Hinter den spinnwebigen Akten, den Photoschachteln, den überholten Phrasen und Schlagworten wird sich dann die Frage nach der eigentlichen Bedeutung Hitlers neu stellen. Und die wohlwollenden gegenseitigen Versicherungen der »Wie konnte es kommen?«-Debatte, wie weit doch das heutige Deutschland von jenen schlimmen Jahren entfernt, wieviel demokratischer und toleranter und selbstkritischer es geworden sei, werden jede Bedeutung für das Thema verlieren. Denn es geht dann um mehr als um die Lokalisierung der Hitlerformel in irgendeinem Teil Mitteleuropas. Es geht um ihre Aktualität im einundzwanzigsten Jahrhundert – und um ihre Vermeidbarkeit.

Was wird aus der humanen Botschaft?

Einem großen Nachteil sieht sich der künftige große Planet-Manager gegenüber: er hat es nicht so leicht wie seinerzeit Hitler, den Erzfeind, den tödlichen Bazillus auszumachen und als Sündenbock, als Ritualopfer, anzuklagen. Dieser verhaßte Bazillus war, so sahen wir, letzten Endes eine Botschaft; eben die Botschaft von der Überwindbarkeit der grausamen Königin, von der Möglichkeit, Schwache und Benachteiligte vor ihrem aristokratischen Prinzip zu schützen, von der grundsätzlichen Emanzipation menschlicher Verkehrsformen von den Gesetzen der Natur.

Diese Botschaft ist in den Jahrzehnten des großen Moratoriums zur offiziellen Doktrin der Menschheit erhoben worden – nicht zuletzt unter dem frischen Eindruck der Nazigreuel. Aber sie wird sich auf die Dauer der Nachhaltigkeitsfrage nicht entziehen können: Wie wird ihr Zusammenstoß mit den Gesetzen der Natur ablaufen, wenn der Kredit an Energien und Ressourcen, die künstliche Welt der herrschenden Zivilisation ausläuft? Werden wir dann unabweislich in die Facettenaugen der grausamen Königin blicken – oder wird die Menschheit als Ganzes es fertigbringen, die Natur und ihre Gesetzmäßigkeiten als *kulturelle* Herausforderung an alle, als Aufforderung zu einem neuen, erstmals wirklich reifen Menschsein zu begreifen, zu einer Symbiose mit all ihren Verkehrsformen? Ohne Schmerz und Tod an einen »Meister aus Deutschland« zu delegieren?

Hitler bietet einen gräßlichen billigen Trick an, den Trick modernisierter Barbarei: Herrenvolkleben auf Kosten aller anderen, als Privileg für die Erhaltung der Art, für die Bewahrung des tausendjährigen Reiches. Seine Herrschaft war kurz, sie hat sich weder bewähren können, noch wurde seine Formel zwingend widerlegt. Die Gefahr besteht, daß sie, von den Absurditäten seiner eingesetzten Rechengrößen gereinigt, mit vielfach besseren Herrschaftskenntnissen und Herrschaftstechniken ausgerüstet, in vielfach schlimmerer Notsituation aufs neue ausgereizt wird – zunächst nur den Scharfsichtigsten als Hitlers alte Formel erkennbar.

Es bedarf eines gänzlich neuen Kulturentwurfs, um ihr konsequent Widerstand zu leisten, und er muß auf einer gänzlich anderen Formel beruhen.

Denn es geht letzten Endes um das Wesen der Lebenswelt, in der wir existieren als »Leben, das leben will« (Albert Schweitzer). Der Tod ist eine Verkehrsform dieses Lebens. Sich von der Einsicht abzuwenden ist töricht und gefährlich. Aber die Alternative ist nicht ein Schlachtfeld, auf dem alle gegen alle kämpfen. Keine Art überlebt durch den Tod aller anderen, auch keine Herrenrasse; das war und ist der schwache Punkt von Hitlers Vulgärdarwinismus. Aber das erledigt auch die Möglichkeit der alten, naiven Jefferson-Formel vom arglosen Nießbrauch.

Was wir entwickeln müssen, ist eine neue, durch Wissen und Demut geläuterte Solidarität mit der Biosphäre, der Lebenswelt. Der Darwinismus irgendwelcher Neokannibalen kann in ihr ebensowenig einen Platz finden wie die naive Doktrin von der unsichtbaren Hand oder die vermessene Hoffnung auf eine eschatologische Erlösung von außen und oben (wie sie auch noch in genug säkularisierten Seelen herumspukt).

Wenn es überhaupt noch darum geht, eine globale Formel zu finden, dann lautet sie: *Der Mensch kann die Krone der Schöpfung bleiben – wenn er begreift, daß er sie nicht ist.*